ENFOQUE A LA FAMILIA®

Una vida
EQUILIBRADA

CASA
CREACIÓN
A STRANG COMPANY

Una vida equilibrada
Serie sobre mujeres de Enfoque a la Familia®
Publicado por Casa Creación
Una compañía de Strang Communications
600 Rinehart Road
Lake Mary, Florida 32746
www.casacreacion.com

A menos que se indique lo contrario, todos los textos bíblicos
han sido tomados de la *Santa Biblia, Nueva Versión Internacional* (NVI),
© 1999 por la Sociedad Bíblica Internacional. Usado con permiso.

Otros textos bíblicos han sido tomados de la
versión Reina-Valera, de la *Santa Biblia*,
revisión 1960. Usado con permiso.

Traducido y editado por: Belmonte Traductores
Diseño interior por: Grupo Nivel Uno, Inc.

Library of Congress Control Number: 2005925360

ISBN: 1-59185-500-4

Impreso en los Estados Unidos de América

05 06 07 08 ❖ 8 7 6 5 4 3 2 1

TIEMPO PARA MEDITAR: DEFINICIÓN DE EQUILIBRIO
Entre las expectativas personales, las expectativas de los demás y las
presiones diarias, hay momentos en que la vida puede parecer cualquier
otra cosa menos controlada y equilibrada.

NUESTRA SITUACIÓN: LAS EXPECTATIVAS CONTRA LAS CIRCUNSTANCIAS
Hay períodos en nuestra vida en que es fácil sentirse atrapada.
En esos momentos inciertos, muchas veces es difícil recordar que
Dios tiene un plan específico.

NUESTRA POSICIÓN: CÓMO EQUILIBRAR LAS NECESIDADES DE LOS
DEMÁS CON LAS NUESTRAS
Es fácil escuchar que necesitamos amar a Dios y a los demás, pero
muchas veces olvidamos que también debemos sentir un amor sano
por nosotras mismas.

NUESTRAS RESPONSABILIDADES: CÓMO MANEJAR LAS PRESIONES
DE LA VIDA
Nadie escapa a las presiones inesperadas de la vida. ¿Cómo, entonces,
encontramos paz en medio de todas ellas?

UNA VIDA EQUILIBRADA

Un soplo nada más es el mortal, un suspiro que se pierde entre las sombras.
SALMO 39:5-6

Imagine el siguiente cuadro:

> En general, no hay mucho color. Lo que parece ser un gran complejo médico se eleva en la parte de atrás, dando sombra a una multitud humana de grises trajes y vestidos que entran y salen del edificio. Sus rostros revelan que están en una misión y bastante inconscientes de cualquier otra persona cuando se cruzan rozándose con ella. Y entonces, al lado mismo de esa monótona actividad, hay un trazo de color en una única flor roja. Está plantada cerca de un banco del parque que está gloriosamente iluminado por el único rayo de sol que ha logrado traspasar la enorme estructura. El ojo del observador casi de inmediato se ve atraído hacia la flor y, sin embargo, irónicamente, el banco está vacío. Parecería que la calidez, el resplandor y el color que hay cerca de ese banco lo convertirían en el lugar para encontrar la verdadera simplicidad, intimidad y sanidad que toda alma anhela; y a pesar de ello, parece pasar inadvertido para la mayoría de las personas del cuadro. Unos pocos lo han notado, con sus ojos llenos de anhelo, pero no parecen poder encontrar tiempo para detenerse.

¿Y si este cuadro fuese realmente una reflexión sobre la vida cotidiana de las mujeres en la actualidad? ¿Dónde estaría usted en el cuadro? Al igual que las personas del cuadro, muchas de nosotras nos encontramos corriendo todo el día, moviéndonos al ritmo de la monotonía, o bien inconscientes de la belleza que nos llama o, peor aún, incapaces de seguirla. Ya sea que estemos en la escuela, en la universidad, en el hogar o en una combinación de esas cosas, nuestras listas de cosas que hacer son interminables. Además, la sociedad nos grita a la cara que debiéramos ser capaces de equilibrar todos nuestras funciones y a la vez arreglárnoslas para tener cuerpos delgados, casas glamorosas, hijos bien educados, ropa con clase, pulcras carreras, letras después de nuestro nombre, un bonito auto y, bueno, francamente esta lista es también interminable.

Algunas veces, la Iglesia añade más cosas a la presión. Hay servicios a los que asistir, clases de escuela dominical que enseñar, comidas que cocinar y estudios que facilitar. Las iglesias a menudo sin darse cuenta abruman a las mujeres con sentimientos de culpa. Se deja a las mujeres preguntándose: *¿Por qué no puedo con todo esto? Será que no soy lo bastante espiritual. ¡Desearía sentirme tan completa como aparentan las otras mujeres!*

C. S. Lewis escribió: "Todo el tiempo esperamos que cuando todas las demandas hayan sido cumplidas, el pobre yo natural siga teniendo alguna oportunidad, y algo de tiempo, para continuar con su propia vida y hacer lo que le gusta".[1] Con el paso del tiempo, llegamos a agotarnos por jugar a ser la supermujer. Al jugar a ser la heroína para otros, llegamos a abarcar demasiado, a sentir resentimiento e incluso ira y, como resultado, o bien tiramos la toalla o nos comportamos como una mártir (lo cual es una terrible molestia para los demás) a menos que estemos dispuestas a detenernos y sentarnos por un rato en el banco. Es en el banco donde nuestro Padre celestial puede mostrarnos la verdad sobre nuestra *situación* en la vida; Él puede ayudarnos a comprender nuestra *posición* y cómo equilibrar las *presiones* de la vida. Cuando nos sentamos y escuchamos, Dios nos muestra cómo realinear nuestras *prioridades* de acuerdo al *propósito* de Él y la *pasión* que Él ha puesto dentro de nosotras, y nos ayuda a ver el color en nuestro mundo gris. Él nos enseña a encontrar *deleite* en las cosas pequeñas y a confiar cada vez más en su *provisión*. En esencia, es en el banco donde aprendemos que Dios quiere todo nuestro ser: lo bueno y lo malo. C. S. Lewis lo resume muy bien: "Cristo dice: 'Entrégame todo. No quiero tanto de tu tiempo, tanto de tu dinero ni tanto de tu trabajo; te quiero a ti'".[2]

Bienvenida al asiento para meditar. Siéntese y póngase cómoda con una taza de té caliente o un vaso de fría limonada, y anticipe la presencia de Dios al comenzar este estudio.

Notas

1. C. S. Lewis, "Mere Christianity", *Devotional Classics: Selected Reading for Individuals and Groups*, ed. Richard Foster y James Bryan Smith (San Francisco: HarperSanFrancisco, 1993), p. 7.
2. Ibid, p. 8.

SERIE PARA EL MINISTERIO DE MUJERES DE ENFOQUE A LA FAMILIA

Esto es lo que pido en oración: que el amor de ustedes abunde cada vez más en conocimiento y en buen juicio, para que disciernan lo que es mejor, y sean puros e irreprochables para el día de Cristo, llenos del fruto de justicia que se produce por medio de Jesucristo, para gloria y alabanza de Dios.

FILIPENSES 1:9-11

El objetivo de esta serie es ayudar a las mujeres a identificar quiénes son, basándose en su naturaleza única y en la luz de la Palabra de Dios. Esperamos que cada mujer que sea tocada por esta serie comprenda el inescrutable amor de su Padre celestial por ella y que su vida tiene un propósito y un valor divinos. Esta serie también tiene un objetivo secundario: que a la vez que las mujeres persigan su relación con Dios, también comprendan la importancia de edificar relaciones con otras mujeres para enriquecer sus propias vidas y crecer personalmente, al igual que ayudar a otras mujeres a comprender su valor y su propósito dados por Dios.

Visión de conjunto de la sesión

Una vida equilibrada puede utilizarse en diversas situaciones, incluyendo grupos de estudios bíblicos, clases de escuela dominical o relaciones de consejería. Y los individuos también pueden utilizar este libro como herramienta de estudio en su hogar.

Cada sesión contiene cuatro componentes básicos.

Mujer en la vida cotidiana

Esta sección presenta el tema de la sesión al proporcionarle una perspectiva personal de la vida de una mujer normal y corriente —alguien con quien pueda identificarse—, y hace preguntas agudas y penetrantes para ayudarla a enfocarse en el tema de la sesión.

Sabiduría eterna

Esta es la parte del estudio bíblico en la cual leerá la Escritura y contestará preguntas para ayudarla a descubrir las verdades perdurables de la Palabra de Dios.

Una esperanza inquebrantable

Esta sección proporciona preguntas y comentarios que la instan a poner su esperanza en el plan de Dios.

Vida diaria

Esta sección constituye un tiempo para reflexionar sobre las formas en que Dios la esté llamando a cambiar, sugiriendo pasos que usted puede dar para llegar a ese punto. Además, constituye un tiempo para que todo el grupo ore y se anime mutuamente.

Escribir un diario

La animamos a que escriba un diario mientras esté trabajando en este estudio. Un diario personal relata su viaje espiritual, al anotar oraciones, pensamientos y eventos que se producen a lo largo del camino. Releer anotaciones pasadas es un ejercicio que edifica la fe y le permite ver cómo Dios ha obrado en su vida: resolviendo una situación, cambiando una actitud, respondiendo sus oraciones o ayudándola a ser más semejante a Cristo.

Guía de discusión para líderes

Se incluye una guía de discusión para líderes al final de este libro para ayudar a las líderes a que fomenten la participación, dirijan las discusiones y desarrollen las relaciones.

Hay más ayudas adicionales para dirigir grupos pequeños o mantener relaciones de consejería en la *Guía para el ministerio de mujeres de Enfoque a la Familia*.

sesión uno

TIEMPO PARA

meditar

DEFINICIÓN DE EQUILIBRIO

¡Que Dios me pese en una balanza justa, y así sabrá que soy inocente!
Job 31:6

*El equilibrio describe a una persona que modera todos los aspectos de suvida —física,
mental, social y espiritual— y ha encontrado la mezcla perfecta de todos esos atributos.
El equilibrio suena a una característica de la fe cristiana, como un objetivo a lograr
o una cualidad que merece la pena cultivar. El equilibrio suena a un ideal digno,
una descripción perfecta de un sensato seguidor de Cristo.
Esté atento al equilibrio.*
Michael Yacconelli, Messy Spirituality

MUJER EN LA VIDA COTIDIANA

Afortunadamente, Luisa no tenía que trabajar hoy. Por algún motivo, la alarma de su despertador no había sonado; en cambio, la despertaron las voces a gritos de los niños. Tendría que dejar pasar su tiempo de ejercicio matutino y sosiego. "Lo siento, Dios", suspiró. Captar una imagen de su aspecto en el espejo le hizo volver a suspirar, y pensó: *¿Quién es esa mujer envejecida?*

La mente de Luisa cambió de pensamientos. *Vaya noche*, lamentó en silencio. Había planeado trabajar en un álbum de recortes; su tercer hijo, que ya tenía casi tres años, seguía sin tener su álbum de bebé, pero el plan que pensó en la noche cambió abruptamente. Su amiga Carola se había presentado en la puerta de su casa llorando, justo después de que Luisa hubiera metido en la cama a los niños. Carola estaba totalmente derrumbada al enterarse que su esposo tenía una aventura amorosa. Era la 1:00 de la madrugada antes de que Carola se marchara. Luisa se preguntó si su propio esposo haría una cosa así. Parecía inconcebible, ¿pero lo era? ¿Cuándo fue la última vez que ella y su esposo habían conectado de verdad? Preocupada, Luisa pensó: *Voy a tener que hacer de mi matrimonio una prioridad.*

Al comenzar a desayunar, Luisa se dio cuenta que había que vaciar la lavaplatos. De repente, pensó en todas las otras tareas que no había podido hacer ayer ni antes ni después del trabajo. Le encantaba su trabajo de media jornada como terapeuta de lenguaje, pero había tantos alumnos a los que ver en tan poco tiempo que se preguntaba si de verdad los estaría ayudando.

Luisa regresó al presente. Su hijo de cinco años se había caído de la silla y había derramado todos sus cereales y su vaso de jugo en el proceso. A medida que Luisa comenzaba a limpiar otro desastre más, pudo escucharse a sí misma gritándole: "¿Cuántas veces te he dicho que te sientes bien?". No eran ni siquiera las 8:00 de la mañana y ella ya se sentía completamente derrotada. *Simplemente no soy muy diestra para equilibrar todo esto. ¿Por qué muchas de mis amigas parece que tienen cuerpos, casas, carreras, matrimonios e hijos perfectos? ¿Qué estoy haciendo mal? Dios, ¿por qué parece que no puedo manejarlo?*[1]

❧

¿Se ha sentido alguna vez como Luisa? Entre las expectativas personales, las expectativas de los demás y las presiones de la vida, hay momentos, días y aun meses, en que la vida parece estar fuera de control y desequilibrada.

Luisa no podía haber cambiado ninguno de los eventos de su día y, sin embargo, se sentía derrotada. Desde su perspectiva, ella era un fracaso a la hora de manejar lo que se le había confiado. ¿Quiere Dios que nos sintamos derrotadas? ¿Espera Él de nosotras que hagamos que todas las cosas funcionen sin problema las 24 horas del día? ¿Qué significa una vida equilibrada? ¿Es como describió Michael Yacconelli en la cita del principio: inalcanzable?

Nuestra sociedad está presta a elogiar a las personas que son equilibradas. Admiramos a las mujeres que son capaces de mantener en equilibrio sus casas, a sí mismas, sus familias, sus carreras, su aspecto y sus relaciones y que lo tienen todo —según parece— bajo control. Al igual que Luisa, queremos creer que podemos tenerlo todo y hacerlo todo con tranquilidad; ¿pero podemos hacerlo? A primera vista, un estilo de vida equilibrado parece ser lo que, como mujeres cristianas, debiéramos perseguir. Pero considere esta afirmación: "El equilibrio es una característica peligrosa, como un espejismo, y tentadora. Disfrazada de normal y sensata, es silenciosamente destructiva, destruye la falta de equilibrio de los dones, reprime los extremos de la pasión, sofoca el fuego furioso de una relación genuina con Jesús.[2]

1. ¿Qué palabras vienen a su mente cuando piensa en equilibrio?

¿Qué le hace sentir más fuera de equilibrio?

¿Cuándo siente que su vida es más equilibrada?

El diccionario *Webster* define el verbo "equilibrar" como "pesar" y "llevar a un equilibrio".[3] El Webster´s New World Thesaurus enumera "estabilidad", "centro de gravedad" y "firmeza" como sinónimos de la palabra "equilibrium".[4]

Echemos un vistazo a lo que dice la Biblia sobre el equilibrio y las expectativas que Dios tiene para nosotras.

SABIDURÍA ETERNA

La Biblia menciona "pesa" o "pesas" 18 veces. En todos los casos menos en dos, se utiliza la palabra hebrea *mo´zen*. Si queremos ser mujeres equilibradas, entonces nuestra vida debe sopesarse con algo más para comprobar su equilibrium. Si nuestra vida se pesa en una balanza honesta, o con un peso verdadero, el resultado es el equilibrium. Entonces nos encontraremos a nosotras mismas estables, centradas y firmes. Si nuestra vida se pesa en una balanza o peso deshonestos, aunque puede que tengamos el espejismo del equilibrium, nos preguntaremos por qué las cosas no parecen ir bien, como si a pesar de todos nuestros esfuerzos, nunca lo lográsemos.

2. ¿Con qué o quién normalmente comparamos el estado de nuestra vida (ej.: revistas, amigas, libros, programas de televisión, etc.)? ¿Podemos confiar en que son balanzas honestas o pesos verdaderos para la evaluación? ¿Por qué o por qué no?

    ¿Dónde podríamos encontrar una balanza honesta, un peso verdadero, con el cual poder medir nuestra vida?

3. ¿Qué perspectivas obtenemos de Proverbios 16:11 y 20:23 sobre vivir una vida equilibrada?

    ¿Cuáles podrían ser balanzas falsas en su vida (deje a un lado los problemas con el peso de nuestro baño)? ¿Quién puede darle una evaluación honesta de su vida?

4. Lea el Salmo 139:23-24. ¿Está dispuesta a permitir que Dios la examine? ¿Por qué o por qué no?

5. Según Santiago 4:6-10, ¿qué quiere Dios que hagamos?

¿Cómo se compara una vida de humildad con el ideal del mundo de una vida de equilibrio y éxito?

6.   Según Lucas 10:27, ¿qué requiere Dios de nosotras?

Dios quiere nuestra completa devoción, no nuestra perfección. Jesús nunca nos prometió un estilo de vida con un empaque perfecto. De hecho, el relato de las palabras de Jesús en los Evangelios revela más bien todo lo contrario. Escoger ser una seguidora de Cristo no es un sendero moderado; no está lleno de fórmulas en tres pasos para una vida mejor. Michael Yacconelli escribió: "La fe es la fuerza desequilibrante en nuestra vida que es el fruto de la turbadora presencia de Dios".[6] Sin embargo, Dios sí que hizo promesas que nos permiten atravesar los aspectos no tan perfectos de la vida y seguir siendo estables, centradas y firmes; Él nos ha dado su Palabra y su Espíritu para guiarnos a través del viaje de la vida.

UNA ESPERANZA INQUEBRANTABLE

Como mujeres que intentamos lograr equilibrio, nuestra esperanza es esta: Dios no está preocupado de que cada una de nosotras intentemos mantener en su lugar todas las partes de nuestra propia vida y hacer que avancen sin obstáculos. En cambio, Él quiere que entreguemos todo aspecto de nuestra vida —lo bueno y lo malo— y que lo busquemos a Él. Entonces, Él será fiel para ayudarnos a aceptar el lugar en que estamos, identificará nuestras necesidades, confiará en que Él nos proveerá en las presiones de la vida, discernirá lo que es urgente y lo que es verdaderamente importante, acomodará nuestras actividades según las prioridades de Él, sustituirá nuestro sentido de obligación por la pasión y encontrará el deleite de Él en lo ordinario.

En Mateo 11:29 Jesús dijo: "Carguen con mi yugo y aprendan de mí, pues yo soy apacible y humilde de corazón, y encontrarán descanso para su alma". La palabra griega para "yugo" es *zugos*, que puede traducirse como un yugo que se pone para acercar al ganado o como la línea que conecta las dos pesas de una balanza.[7]

7.   ¿Qué da a entender Mateo 11:29-30 sobre vivir una vida en equilibrio?

¿Qué promete Dios que encontraremos cuando aprendamos de Él?

8. Lea Mateo 6:33. ¿Cómo sería distinta su vida si realmente rindiera todo a Dios y buscase los caminos de Él por encima de los suyos propios?

VIDA DIARIA

Para los cristianos, quizá una mejor palabra para "equilibrio" sea "rendición". De modo irónico, cuanto menos intentemos controlar y manipular nuestras vidas, más las equilibra Dios del modo en que Él nos creó para que fuésemos y viviésemos. Él susurra a nuestro corazón no fórmulas de tres, cinco o siete pasos, sino cosas concretas que Él quiere que rindamos, aceptemos y cambiemos.

9. Piense en Luisa, nuestra mujer de la vida cotidiana. Aunque ella no podía haber cambiado sus circunstancias ese día, ¿qué podía haber cambiado ella que le hubiera dado paz, victoria y equilibrio en su corazón en medio del caos?

Tome un momento para leer esta conocida oración:

Oración de serenidad
Dios, concédeme la serenidad
para aceptar las cosas que no puedo cambiar,
la valentía para cambiar las cosas que puedo,
y la sabiduría para conocer la diferencia.[8]

Pase algún tiempo en oración. Pida a Dios que le muestre las áreas en su vida que necesitan ser cambiadas.

10. ¿En qué áreas de su vida se siente fuera de control? ¿En qué áreas tiene temor de perder el control?

¿Qué podría estar pidiéndole Dios que rinda?

11. ¿Qué cosas necesita usted aceptar como parte de su vida en este momento?

¿Qué cosas de las que necesita cambiar requieren que sea valiente?

¿Puede usted confiar en Cristo con la carga que soporta? ¿Dejará que Él la pese, se encargue de ella y le muestre cómo encontrar la paz y el descanso que sólo Él puede dar? Usted debe hacer una elección.

Notas

1. Es una recopilación de varias historias. Cualquier parecido con una situación real es pura coincidencia.
2. Michael Yaconelli, *Messy Spirituality* (Grand Rapids, MI: Zondervan Publishing House, 2002), p. 80.
3. *Webster´s New World Dictionary*, rev., ed., bajo "balance".
4. *Webster´s New World Dictionary*, rev., ed., bajo "equilibrium".
5. James Strong, *The New Strong´s Complete Dictionary of Bible Words* (Nashville, TN: Thomas Nelson Publishers, 1996), hebreo 3976.
6. Yacconelly, *Messy Spirituality,* p. 81.
7. Ken Hamel, "KJV Strong´s Hebrew Lexicon", Online Bible MacIntosh 2.5.1 (Oakhurst, NJ: 1994), Hebreo 2218.
8. Dr. Reinhold Niebuhr, "The Serenity Prayer", A Brief History of the Serenity Prayer. http://open-mind.org/Serenity.htm (tomado el 7 de abril de 2004).

Nuestra SITUACIÓN

LAS EXPECTATIVAS contra LAS CIRCUNSTANCIAS

Todo tiene su momento oportuno; hay un tiempo para
todo lo que se hace bajo el cielo.
ECLESIASTÉS 3:1

MUJER EN LA VIDA COTIDIANA

Olivia estaba enojada. ¿Cómo había llegado hasta ahí? Se había pasado los últimos 10 años componiendo música, haciendo giras por los Estados Unidos y grabando en Nashville, Tennessee. ¡Había planeado llegar a lo más alto! Iba a demostrarle a todo el mundo que ella tenía algo que ofrecer al mundo. Ahora estaba de regreso en su casa, el lugar que guardaba tanto dolor para ella y, lo que era peor, esta vez no podía huir.

Olivia había pensado que se casaba con el hombre de sus sueños, y por un tiempo pareció ser cierto. Juntos habían acordado trasladarse a la ciudad natal de ella para estar cerca de su familia, y ella había elegido comenzar a trabajar en el negocio de su papá. Ella había estado de acuerdo en establecerse; ¿entonces por qué se sentía tan intranquila?

Olivia estaba decepcionada del matrimonio. No se había dado cuenta de las muchas cosas a las que tendría que renunciar para convertirse en una buena esposa. Estaba enojada consigo misma y se preguntaba por qué habría estado de acuerdo en trasladarse a aquella lúgubre ciudad tan pequeña. Trabajar para su papá no le satisfacía; ¿qué había sido de su sueño? Todo parecía sin esperanza. Olivia estaba segura de que en algún lugar había dado un giro equivocado. En lugar de avanzar, sentía que había ido para atrás en la vida y que estaría estancada para siempre en un lugar que odiaba.[1]

&

Hay períodos en nuestra vida en que nos sentimos atrapadas. Podemos encontrarnos a nosotras mismas pensando: *¿Cómo llegué hasta aquí? ¡Esto no formaba parte del plan!* Los sentimientos de decepción, desilusión y hasta depresión pueden hacer que nos preguntemos: *¿Me guiaste tú a este desierto para morir, Dios?* En esos períodos de incertidumbre, muchas veces intentamos equilibrar nosotras mismas cualquier cosa que parezca estar torcida. Intentamos todo tipo de cosas para hacer volver el significado, la emoción y la esperanza, mientras que Dios está pidiéndonos en realidad que nos rindamos al plan de Él, su tiempo y sus caminos.

1. ¿Alguna vez ha hecho una elección importante que pensó que le llevaría un paso más cerca de sus metas, sólo para descubrir que estaba usted tres pasos más atrás? ¿Ha sentido alguna vez que hizo un giro equivocado que le condujo a una calle sin salida? Explique su respuesta.

¿Cómo intentó arreglarlo?

SABIDURÍA ETERNA

Aunque no hay nada fácil en sentirse atrapada por su situación en la vida, hay esperanza. Dios no está en silencio sobre el asunto, ni tampoco desea que usted se sienta desgraciada. Veamos lo que la Palabra de Dios dice sobre nuestra posición.

2. Lea Proverbios 19:21. ¿Cómo ha experimentado esto en su propia vida?

¿Por qué supone que Dios no siempre acomoda nuestros planes personales?

3. Lea Isaías 64:8 y Romanos 9:21, y después responda las siguientes preguntas:

¿Quién es el alfarero, el creador, el padre?

¿Quién es el barro, la creación, el hijo?

¿Qué indican esos versículos sobre nuestra relación con Dios? ¿Por qué es eso tan difícil de recordar?

4. ¿Qué aprende sobre los planes de Dios en Isaías 55:8-9?

¿Puede confiar en que su Creador sabe y actúa según lo que es mejor para su vida? ¿Por qué?

Con nuestra limitada perspectiva, muchas veces nos sentimos como si no hubiera un propósito en esos lugares frustrantes o difíciles de la vida, pero Dios siempre tiene sus motivos, ya sea que los comprendamos o no. En la

Biblia, las experiencias en el desierto son normalmente un tiempo de prueba que da como resultado crecimiento y fortaleza (ver Mateo 4:1-11).

5. ¿Cómo ha afectado una experiencia en el desierto su vida o la vida de alguien a quien usted conoce?

6. Isaías 51:3, ¿qué promete Dios hacer por quienes han estado en el desierto y le buscan a Él?

¿Ha considerado la posibilidad de que no esté en una calle sin salida, de que quizá Dios la tenga justo en el lugar donde usted necesita estar?

Aunque Dios conoce y actuará según lo que es mejor para nuestra vida, nosotras seguimos siendo responsables de nuestros actos. Algunas veces, nuestra posición en la vida es una consecuencia de nuestras malas elecciones; pero aunque se encuentre en un desierto, porque no quiso pedirle dirección a Dios, Él puede aún utilizar la experiencia para su bienestar y para gloria de Él.

UNA ESPERANZA INQUEBRANTABLE

Considere el siguiente versículo y las definiciones hebreas que siguen al versículo:

"Porque yo sé muy bien los planes [*machashabah*] que tengo [*chashab*] para ustedes", afirma el Señor, planes de bienestar [*shalom*] y no de calamidad [*ra*], a fin de darles un futuro [*achariyth*] y una esperanza [*tiquah*]" (Jeremías 29:11).

Machashabah – pensamiento, idea, plan, propósito, invención.[2]

Chashab – idear, imaginar, planear.[3]

Shalom – completo, seguridad, salud en el cuerpo, bienestar, salud y prosperidad, tranquilidad y contentamiento, paz con las amistades y con Dios.[4]

Ra – angustia, intranquilidad, daño, calamidad.[5]

Tiquah – cuerda, esperanza, expectativas.[6]

Achariyth – parte posterior, última, posteridad, recompensa.[7]

Al incorporar esas definiciones, podemos parafrasear el versículo tal como sigue:

> Porque yo sé el propósito que estoy planeando para ustedes; el propósito es completo, de seguridad, bienestar y paz. El propósito definitivo para su vida no es angustia, intranquilidad, daño o calamidad; es darles esperanza y algo que esperar en el tiempo posterior, posteridad y su recompensa.

Si el propósito de Dios es llevarnos a ser completas y darnos firmeza, bienestar y paz, entonces quizá no estemos atrapadas en nuestras actuales circunstancias, sino más bien *plantadas*.

7. Según los siguientes versículos, ¿cuáles son los motivos de que Dios pudiera plantarnos en algo menor que circunstancias ideales?

Deuteronomio 30:6

Jeremías 29:12-14

Filipenses 4:11-13

1 Timoteo 6:6-8

Dios usa las circunstancias difíciles para enseñarnos contentamiento y acercarnos más a Él. Podemos decir que queremos cambiar y que queremos amar más a Dios, pero Él sabe que sin su ayuda el cambio es prácticamente imposible. ¿Quién de nosotras se empujará a sí misma hacia el crecimiento o la madurez sólo por dar la orden? ¡No podemos! Siempre es un proceso. Dios usa nuestras circunstancias para que ayuden a moldearnos y ser las mujeres que Él diseñó que fuéramos. ¿Está dispuesta a permitir que Dios tenga el control total del proceso?

VIDA DIARIA

Dios promete que la persona que le teme a Él y se deleita en su Palabra será "como el árbol plantado a la orilla de un río que, cuando llega su tiempo, da fruto y sus hojas jamás se marchitan. ¡Todo cuanto [ella] hace prospera!" (Salmo 1:3). Las raíces de tales árboles crecen profundamente porque reciben una interminable provisión de agua; están sanas y pueden dar fruto a su tiempo; sus hojas no se secan y proporcionan sombra a otros.

Aunque nuestro destino final —nuestra esperanza— debe estar plantado al lado de la corriente, algunas de nosotras actualmente nos encontramos en tiestos vacíos. El jardinero nos tiene a algunas en tiestos dentro de su invernadero, donde estamos protegidas y se nos permite germinar. Otras ya se han graduado del invernadero para pasar a grandes tiestos de terracota, donde obtienen ideas sobre la libertad y la renovación, que llegan por estar plantadas junto a la corriente. Algunas están cortadas o podadas para poder crecer y llegar a ser plantas más sanas. Otras han sido plantadas recientemente cerca de las corrientes; sus raíces acaban de comenzar a profundizar, y a veces da un poco de miedo cuando las tormentas intentan sacudir su confianza en su recién hallado hogar. Y aún otras son como robles gigantescos: bien plantados, fuertes, robustos y seguros de su lugar y situación al lado de la corriente. Su sed ha sido satisfecha.

8. ¿Dónde se situaría usted en esta analogía, en el invernadero, en el tiesto de terracota, podada recientemente, al lado de la corriente o bien arraigada y fuerte?

9. ¿Qué le impide estar contenta dentro de sus actuales circunstancias?

Considere el viejo dicho: "A veces el camino hacia delante es el camino hacia atrás". De forma muy similar a la poda de un rosal, Dios a veces corta nuestras ramas secas para que podamos producir aún más flores cuando llegue el momento correcto.

10. ¿Qué podría querer Dios podar en usted? ¿Qué podría querer sanar, renovar o perfeccionar en usted al permitirle ir "hacia atrás" en la vida?

11. Probablemente haya oído la frase: "Florece allí donde estés plantada". ¿Cómo puede usted hacer eso en sus actuales circunstancias?

Aun cuando comprendemos que Dios hace todas las cosas con un propósito, podemos perder de vista nuestra esperanza y nuestro futuro cuando estamos en medio de circunstancias difíciles. Mientras aprende a florecer en el lugar donde Dios la tiene hoy, memorice Lamentaciones 3:25-26 para darle esperanza en momentos de frustración:

Bueno es el Señor con quienes en él confían, con todos los que lo buscan.
Bueno es esperar calladamente a que el Señor venga a salvarnos.

Notas
1. Esta es una recopilación de varias historias. Cualquier parecido con una situación real es pura coincidencia.
2. Ken Amel, "KJV Strong´s Hebrew Lexicon", *Online Bible MacIntosh* 2.5.1 (Oakhurst, NJ: 1994), Hebreo 4282.
3. Ibid., hebreo 2803.
4. Ibid., hebreo 7965.
5. Ibid, hebreo 7451.
6. Ibid., hebreo 8615.
7. Ibid., hebreo 319.

Nuestra POSICIÓN

CÓMO EQUILIBRAR LAS NECESIDADES DE LOS DEMÁS CON LAS NUESTRAS

*Ama al Señor tu Dios con todo tu corazón, con toda tu alma,
con todas tus fuerzas y con toda tu mente.*
LUCAS 10:27

Somos responsables los unos a los otros, pero no los unos de los otros.
HENRY CLOUD Y JOHN TOWNSEND, BOUNDARIES IN MARRIAGE
(Límites en el matrimonio)

MUJER EN LA VIDA COTIDIANA

Linda intentó cantar el canto de adoración "Tú eres lo único que necesito", pero por alguna razón no pudo. Dio un suspiro: *Dios, este es mi deseo espiritual, pero vivo en un mundo físico, y la verdad es que me siento muy sola*. Ella anhelaba una verdadera intimidad con su esposo, pero comprendía que probablemente él nunca sería capaz de darle lo que ella necesitaba, y mucho menos lo que quería. De hecho, se sentía como si fuese castigada por sus pecados pasados. Había trabajado más duro para compensar su pasado, y repetidamente oraba: *Dios, por favor, permíteme amarlo como tú lo amas*. Y sin embargo, el resentimiento se acumulaba. Ella sentía que su esposo exigía mucho y daba muy poco a cambio; sin importar lo que ella hiciera por él, él no parecía apreciarla. Ella no se atrevía a comunicar sus necesidades, pues sabía lo que ocurriría: él no respondería o tendrían una pelea, y después, una vez más, ella tendría que recoger los pedazos rotos de su corazón.

Linda no estaba segura de poder vivir los siguientes treinta años de su matrimonio como había hecho con los primeros veinte, pero no creía en el divorcio. Batallaba con lo que sabía que era correcto y con sus sentimientos; intentaba amar a Dios y a su esposo. En secreto, comenzaba a preguntarse si el plan de Dios era que ella fuese desgraciada toda la vida.[1]

Al igual que Linda, sabemos que debemos amar a Dios con todo el corazón, alma, mente y fuerzas, y a nuestro prójimo, pero ¿por qué tantas veces nos saltamos el paso intermedio? Es fácil oír que necesitamos amar a Dios y a nuestro prójimo, pero a menudo olvidamos que también debemos amarnos a nosotras mismas. De hecho, amar al prójimo como a nosotras mismas implica un concepto muy importante: Primero debemos tener un amor al yo sano y apropiado. No hacer eso resultad relaciones negativas, agotamiento y resentimiento hacia otros.

1. ¿A quién le resulta más fácil amar: a Dios, a usted misma o a otros? ¿Por qué?

    ¿A quién tiene tendencia a rechazar más?

    Veamos más profundamente lo que significa amar a Dios, a nosotras mismas y a los demás.

SABIDURÍA ETERNA

Amar a Dios

La primera parte del "gran mandamiento" (Mateo 22:36, 38) es amar a Dios con todo nuestro corazón, alma, fuerza y mente (ver Lucas 10:27).

2. Según 1 Juan 4:10, ¿por qué debemos amar a Dios? ¿Qué significa eso para usted?

3. Según Lucas 7:36-50, ¿nos echa Dios en cara nuestro pasado?

Al igual que Linda, ¿batalla usted con el sentimiento de que su situación actual sea probablemente lo que le toca en la vida como resultado del pecado o el fracaso del pasado? ¿Cuál es la verdad (v. 47)?

Aun cuando podamos sufrir las consecuencias de las malas elecciones que hayamos hecho en el pasado, Dios nunca nos castiga por despecho o mantiene el pecado sobre nuestras cabezas. Jesús pagó por nuestros pecados, de una vez y para siempre, en la cruz para que podamos experimentar el perdón de Dios y perdonarnos a nosotras mismas.

Amarse a sí misma

Porque Dios escogió amarnos primero, podemos verdaderamente amar y aceptar quiénes somos y aquello para lo que hemos sido creadas por el Dios del universo. La Biblia da una maravillosa definición del amor en 1 Corintios 13:4-7. Este es el pasaje del amor que a menudo escuchamos en las bodas y en sermones sobre el amor a los demás. ¿Y si tuviéramos que considerar amarnos a nosotras mismas según esa definición?

Al referirse a 1 Corintios 13:4-7, el autor Mike Mason preguntó:

¿Te amas a ti mismo? ¿Eres paciente, amable y bondadoso contigo mismo? ¿Pasas por alto fácilmente tus errores y maldades o mantienes una estricta lista y te castigas severamente? ¿Confías lo bastante en ti mismo para perseverar siempre? ¿O continuamente dudas, te censuras y te condenas a ti mismo?[2]

4. Al leer 1 Corintios 13:4-7, reflexione sobre lo bien que aplica cada principio a amarse a usted misma.

¿Está contenta consigo misma, considera sus necesidades y es lo suficientemente humilde para admitir que usted es lo que es, lo que Dios llama bueno? Explique su respuesta.

5. ¿Cómo podría relacionarse Efesios 4:32 con amarse a sí misma? ¿Es usted bondadosa consigo misma? ¿Se ha perdonado a sí misma? Explique su respuesta.

6. Reflexione en el Salmo 139:13-16. ¿Puede estar de acuerdo con Dios en que usted fue maravillosamente creada y que su vida no es un accidente? ¿Por qué o por qué no?

7. ¿Se habla con desprecio a sí misma? ¿Se enoja fácilmente consigo misma o recuerda todos sus errores? ¿Cómo debería la verdad en el Salmo 103:8-12 cambiar su actitud hacia sí misma?

8. ¿Cómo se relaciona la verdad que se encuentra en 1 Juan 3:18-20 con amarse a sí misma?

Amar al prójimo

Considere a Adán en el huerto del Edén. Él tenía el ambiente perfecto, el trabajo perfecto y recursos ilimitados; hasta tenía una relación perfecta con Dios, según Génesis 2. A pesar de las circunstancias perfectas de Adán, él tenía una gran necesidad (ver Génesis 2:18-20). Dios podía haberle dicho a Adán: "Yo soy lo único que necesitas" o, en su infinito poder, podría haber hecho a Adán completo con un chasquido de sus dedos, pero Él no lo hizo.

9. ¿Cómo respondió Dios a la necesidad de Adán (ver Génesis 2:21-23)?

¿Qué nos enseña la respuesta de Dios sobre la naturaleza de las relaciones?

10. En Gálatas 6:2, ¿qué nos pide Dios que hagamos los unos por los otros?

11. ¿Qué instrucciones nos dan 1 Juan 3:11, 16-18 y 4:7, 11 con respecto a nuestras relaciones con los demás y nuestra relación con el Señor?

Todas vinimos a este mundo con necesidades físicas, espirituales y emocionales. Dios es definitivamente nuestro todo en todo. Sin embargo, fuimos diseñadas para vivir en relación con los demás. ¿Encuentra usted esperanza al comprender la profundidad con la que nos ama Dios y con cuánta necesidad nos creó? No debemos ser personas aisladas, pisoteadas; tampoco dictadoras ni sanguijuelas. Cuando somos capaces de recibir el amor de Dios y devolvérselo a Él, operamos en la verdad de quiénes somos, y estamos libres para ver y amar a los demás por quiénes son.

A medida absorbemos esta verdad, somos capaces de desarrollar relaciones sanas con los demás; somos capaces de comprender nuestros límites y entregarnos a otros sin convertirnos en personas pisoteadas, porque somos capaces de pedir y recibir para nuestras propias necesidades. Somos libres para relacionarnos sin tener que rogar o actuar, porque Dios es al único a quien necesitamos agradar.

12. Pablo escribió en Gálatas 1:10 acerca del dilema entre agradar a los hombres y agradar a Dios. ¿Por qué tendemos a estar más preocupadas por agradar a los demás que por agradar a Dios?

13. Según Romanos 12:3, ¿cómo debemos pensar en nosotras mismas en relación con los demás?

14. Según Mateo 7:12 y Efesios 4:2, 32, ¿cómo quiere Dios que seamos tratadas y tratemos a los demás?

¿Cómo se relaciona esto con equilibrar las necesidades de los demás con nuestras propias necesidades?

15. En Mateo 18:15, 21-35, ¿cómo nos enseñó Jesús a tratar nuestros problemas con los demás?

Es difícil equilibrar las necesidades de los demás con sus propias necesidades. Jesús enseñó en Mateo 6:33: "Más bien, busquen primeramente el reino de Dios y su justicia, y todas estas cosas les serán añadidas". Seremos capaces de equilibrar todas las demás relaciones y exigencias de nuestro tiempo y energía sólo cuando pongamos a Dios en el primer lugar en nuestra vida.

VIDA DIARIA

Es bueno recordar que Dios nos ama y quiere que nos amemos a nosotras mismas tal como Él nos ha creado. Fuimos diseñadas para agradar a Dios, no para agradar a la gente. Cuando nuestra meta es agradar a Dios, podemos vernos a nosotras mismas de forma correcta: como Él nos ve. Cuando nos mantenemos confiadas en ser quienes Dios ha creado, somos capaces de tratar a los demás del modo en que querríamos ser tratadas.

Tener una vida desequilibrada —debido a la ira o la frustración causadas por el estrés y la presión de las expectativas no cumplidas y de las exigencias de nuestra vida— es un síntoma de estar desequilibradas en nuestra relación con Dios. Antes de continuar, pida al Señor que examine su corazón y abra sus ojos, capacitándola para mirar honestamente su propio corazón.

16. En sus relaciones cercanas, ¿habla usted la verdad en amor, reacciona con ira o finge que todo va bien? ¿Comparte sinceramente quién es usted? Explique su respuesta.

17. ¿A quién intenta agradar usted en la actualidad? ¿Por qué?

   ¿Cómo podría ser distinta su vida si su única meta fuese agradar a Dios?

18. En sus relaciones, ¿se corresponden sus actos con sus palabras y viceversa? Si no es así, ¿cuáles son algunas formas prácticas que puede seguir para que ambas cosas se correspondan?

En el espacio siguiente, escriba una oración de agradecimiento a Dios por su posición en Cristo y pida ayuda para mantener equilibradas sus prioridades y buscar agradarlo a Él.

Notas
1. Esta es una recopilación de varias historias. Cualquier parecido con una situación real es pura coincidencia.
2. Mike Mason, *The Mystery of Children* (Colorado Springs, CO: WaterBrook Press, 2001), p. 90.

Nuestras
RESPONSABILIDADES

CÓMO MANEJAR LAS PRESIONES DE LA VIDA

*Si el Señor no edifica la casa, en vano se esfuerzan los albañiles. Si el Señor no cuida
la ciudad, en vano hacen guardia los vigilantes. En vano madrugan ustedes,
y se acuestan muy tarde,   para comer un pan de fatigas, porque Dios
concede el sueño a sus amados.*
SALMO 127:1-2

MUJER EN LA VIDA COTIDIANA

Después que Damián la abandonara, Nilsa trabajó duro para poder llegar a
fin de mes para sí misma y su hijo, Pedro. Después de batallar para obtener su
licencia de enfermera graduada, trabajó como enfermera y maestra en el centro médico universitario de la ciudad. Era un arreglo bastante justo. Podía trabajar las noches de los fines de semana mientras Pedro estaba con su papá, y
podía estar disponible para pasar tiempo con Pedro durante la semana. Pero
después de todos aquellos años se estaba haciendo más difícil; su horario
parecía presionarla más cada semana. Su hijo estaba demostrando actitudes
de preadolescente y tenía problemas en la escuela. Además, su participación
en actividades fuera de la escuela y en la iglesia ponía aún más presión a su
apretado calendario. La casa necesitaba reparaciones, y recientemente ella
había descubierto algunos puntos sospechosos en sus propios brazos. ¿Podría
ser un melanoma?

Nilsa se preguntaba si alguna vez sería capaz de avanzar. Aún peor, estaba
preocupada por lo que podría suceder si el cáncer le quitara la vida y dejase a

su hijo sin una madre, en especial en los años de la adolescencia. Nilsa se preocupaba constantemente por el modo en que todo se desarrollaría; se decía a sí misma: *No debo tirar la toalla*, pero luego lloraba hasta quedarse dormida. A menudo, Nilsa oraba: *Dios, por favor ayúdame. Estoy muy cansada. Estoy harta de tener que preocuparme por todo esto.*[1]

❧

Nadie escapa a las presiones inesperadas de la vida. Facturas, enfermedades, hijos desobedientes, horarios apretados. ¡La vida puede ser abrumadora a veces! En ocasiones, intentamos obtener control trabajando más, pensando que sólo necesitamos trabajar con más eficacia. Aun así, parece que nuestros esfuerzos son en vano.

¿Podría haber algo más en las obras? Considere el Salmo 127:1: "Si el Señor no edifica la casa, en vano se esfuerzan los albañiles". Quizá en los momentos de mayor tensión de la vida, Dios nos esté enseñando a depender de Él, recordándonos quién tiene verdaderamente el control.

1. Tome unos momentos para reflexionar en su vida. ¿Qué es lo que más le presiona en este momento?

¿Cuál ha sido su reacción ante esta presión?

"La mujer sabia edifica su casa" (Proverbios 14:1) y, sin embargo, el Salmo 127:1 nos advierte que a menos que sea Dios quien construya la casa, es inútil. Entonces, ¿es el esfuerzo nuestro o de Dios? Encontramos equilibrio cuando somos capaces de reconciliar ambas cosas.

SABIDURÍA ETERNA

Los dos elementos que debemos considerar cuando intentamos encontrar equilibrio en medio de las presiones de la vida son la provisión de Dios y nuestras responsabilidades. Veamos más de cerca a cada uno de ellos.

La provisión de Dios

2. Para proveer, uno debe tener algo que dar. ¿Qué le pertenece a Dios según los siguientes versículos?

   1 Crónicas 29:11-12

   Salmo 50:10-11

3. ¿Qué se nos promete en Filipenses 4:19? Conforme a las riquezas ¿de quién?

   ¿Cuál es la diferencia entre lo que usted quiere y sus necesidades?

Nuestras responsabilidades

Podemos ver que todo le pertenece a Dios, pero ¿cuáles son nuestras responsabilidades hacia lo que Él provee?

4. Lea Proverbios 10:4 y 28:19. Ya que Dios finalmente nos provee, ¿cuál es nuestra parte?

5. Según Efesios 6:7 y Colosenses 3:17, 23, ¿cuál debiera ser nuestra actitud hacia la obra que se nos ha dado para que hagamos?

    ¿Quién es en última instancia nuestro jefe?

6. Necesitamos trabajar, ¿pero necesitamos tener estrés por nuestro trabajo? Según los siguientes pasajes, ¿cuál debiera ser nuestra actitud hacia la vida, el trabajo y las presiones?

    Mateo 6:25-34

    Filipenses 4:6

7. Lea Proverbios 3:9-10 y Malaquías 3:8-12. ¿A qué nos desafía Dios que hagamos?

    ¿Qué promete Él si le honramos con una parte de nuestros bienes materiales?

8. ¿Da usted el diezmo? Si es así, ¿ha notado una diferencia en su vida debido a ello?

Si no diezma, ¿qué le impide hacerlo?

9. ¿Cómo podría relacionarse el concepto de un diezmo monetario con dar tiempo para el Señor?

¿De qué maneras podría usted diezmar de su tiempo?

Cuando trabajamos diligentemente como si lo hiciéramos para Dios y después lo honramos a Él devolviéndole una parte, segaremos los beneficios de la provisión de Dios. Sin embargo, siempre debemos recordar ponerlo a Él en primer lugar para mantener nuestra vida en equilibrio.

UNA ESPERANZA INQUEBRANTABLE

¿Le ofrece esperanza el comprender que Dios está a su favor y quiere que usted confíe en Él incluso en los aspectos materiales, aparentemente no espirituales, de su vida? En esencia, hacemos todo lo que podemos, y luego debemos dejarle el resto a Dios. Eso podría darnos un poco de temor, pero también nos da seguridad, ¿no es cierto? No necesitamos estresarnos; podemos confiar en nuestro Dios. Nosotras hacemos todo lo que podemos, y Dios hará su parte.

Leamos una historia del Antiguo Testamento que ilustra la dependencia de Dios en medio de una terrible dificultad. Lea la historia de la provisión de Dios para Elías y la viuda de Sarepta en 1 Reyes 17:7.24.

10. ¿A qué dificultades y presiones se enfrentaba la viuda de Sarepta?

¿Cuál fue la evaluación que hizo la mujer de sus circunstancias (v. 12)?

11. ¿Cuál era su responsabilidad en esa situación?

Póngase usted misma en su lugar por un momento. ¿Cree que usted hubiera respondido igual que ella? ¿Por qué o por qué no?

12. En los versículos 17 a 24, la viuda se enfrentó a una prueba aún más difícil: la muerte de su hijo. ¿Por qué pensó ella que tenía que soportar eso (v. 18)?

Lea de nuevo el versículo 24. ¿Por qué cree usted que Dios permitió que ella experimentase esas dificultades?

¿Por qué cree usted que Dios *nos* permite que experimentemos tiempos y circunstancias difíciles?

Aquella mujer es un ejemplo de obediencia a Dios a pesar de la aparente imposibilidad de su situación. Cuando ella obedeció a Dios —al obedecer a su mensajero, Elías—, fue recompensada con lo que necesitaba.

La viuda de Sarepta estaba en una situación que provocaba sentimientos de temor y desesperanza. Sin embargo, Dios fielmente proveyó para ella cuando ella obedeció a su profeta. Dios también quiere proveer para nuestras necesidades, y quiere que reconozcamos sus milagros en medio de nuestras presiones y dificultades diarias.

13. ¿Cree usted que Dios sigue haciendo milagros en nuestras circunstancias cotidianas? ¿Por qué o por qué no?

14. Repase su respuesta a la pregunta 1. ¿Cómo puede usted aplicar lo que ha aprendido en esta sesión a sus circunstancias actuales?

¿Cómo sería distinta su vida si tuviera que hacer lo que usted pudiera y dejar el resto a Dios?

15. ¿A qué dificultades o presiones se ha enfrentado en el pasado?

Mirando atrás a aquellos tiempos de prueba, ¿ve usted cómo Dios se desempeñó al hacer que los pasara? Explique su respuesta.

Pase algún tiempo en oración. Pida a Dios que le revele cualquier pensamiento de ansiedad que pueda usted tener con respecto a sus responsabilidades. Ofrezca esos pensamientos y situaciones a Él, y agradezca de antemano por lo que Él está haciendo por usted mediante sus circunstancias actuales. Escriba su oración en el espacio siguiente o utilice otra hoja de papel o su diario.

Nota

1. Esta es una recopilación de varias historias. Cualquier parecido con una situación real es pura coincidencia.

Nuestras PRIORIDADES

CÓMO SEPARAR LO IMPORTANTE DE LO URGENTE

Enséñanos a contar bien nuestros días, para que nuestro corazón adquiera sabiduría.
SALMO 90:12

*La naturaleza de los seres humanos es estar inactivos a menos que sean influenciados
por algún afecto: amor u odio, deseo, esperanza, temor, etc. Esos afectos son
"el muelle de acción", las cosas que nos hacen movernos en nuestra vida, que nos
mueven para participar en actividades. Cuando miramos al mundo, vemos que la
gente está extremadamente ocupada. Son sus afectos lo que los mantiene ocupados.*
JONATHAN EDWARDS, "RELIGIOUS AFFECTIONS" (Afectos religiosos),
DEVOTIONAL CLASSICS: SELECTED READINGS FOR INDIVIDUALS AND GROUPS

MUJER EN LA VIDA COTIDIANA

Habiendo hecho finalmente la milésima llamada de teléfono, María dejó escapar un suspiro de alivio. El grupo de mujeres de la iglesia tendría una actividad de venta de pasteles el domingo para recaudar fondos, y María se había ofrecido voluntaria para llamar a todas las mujeres en la lista de la iglesia y preguntarles si podrían aportar algún pastel o galleta. María realmente amaba a su iglesia y quería devolver a Dios sólo un poco de lo que ella había recibido de Él. Como resultado, se había hecho cargo del puesto voluntario de directora del ministerio de mujeres de la iglesia. Ella y su esposo dirigían un pequeño grupo de estudio bíblico en su hogar una vez por semana, y ayudaba a preparar comida para unas cincuenta personas en una actividad semanal de evangelismo en su iglesia.

Los hijos de María estaban crecidos y podrían ocuparse de sí mismos, pero para ser una mamá que los apoyara, María también dirigía el grupo de oración de mamás en la escuela de sus hijos. Entre llevar a sus hijos a la escuela, los deportes y los ensayos de música, y cumplir con todas sus demás responsabilidades, María también estaba remodelando su casa.

María siempre había funcionado mejor en medio de la conmoción; sin embargo, últimamente se sentía como si no pudiera mantener el ritmo. Su esposo expresaba a menudo su frustración por la falta de tiempo para que ellos estuvieran a solas, y sus hijos a menudo sentían que de alguna manera ellos estaban en el último lugar de la lista de quehaceres de mamá. María no podía comprender qué iba mal. Un domingo, su pastor dio una charla sobre las prioridades. María pensó: *Yo intento hacer que Dios sea el primero; luego mi familia; luego los demás. ¿Qué me falta? ¿Qué más puedo hacer?*

❧

Una sabia amiga dijo en una ocasión: "El tiempo y la energía son recursos finitos; ¿cuándo comenzamos a vivir como si tuviéramos una provisión inagotable de ellos?". En este mundo de ritmo acelerado, nos implicamos en un sinnúmero de buenas causas y luego nos encontramos abrumadas.

El enemigo de lo mejor no siempre es lo malo, muchas veces es lo bueno. Por lo tanto, es esencial que miremos profundamente cuál es nuestro lugar, nuestra posición, nuestras presiones y propósito en la vida para establecer prioridades en nuestro calendario y vivir de modo eficaz.

Una "prioridad" es "algo a lo cual se le da o merece atención ante otras alternativas".[2] Es algo que toma precedencia por encima de otras cosas porque tiene una mayor importancia o valor. La mayoría de nosotras diríamos que Dios, la familia y los amigos son importantes para nosotras, ¿pero reflejan nuestros calendarios esa convicción?

1. ¿Qué cree que significa poner a Dios en primer lugar y establecer prioridades en su vida de acuerdo a ello?

Si estamos dispuestas a rendir nuestra vida a Dios conforme busquemos un equilibrio bíblico, Dios alineará nuestras prioridades con las suyas. Sabemos por la Sesión uno que Dios valora su relación con nosotras (ver Lucas 10:27). Él quiere ser nuestra primera prioridad.

En Lucas 10:38-42, una mujer llamada Marta invitó a Jesús y a sus discípulos a su casa. Marta comenzó a servir a Jesús de la mejor forma que sabía: preparando una deliciosa comida. Su hermana, María, con un gran respeto por Jesús, se plantó a sus pies. María no parecía saciarse nunca de las palabras de Él.

El versículo 40 dice: "Señor, ¿no te importa que mi hermana me haya dejado sirviendo sola? ¡Dile que me ayude!". La palabra griega para "sirviendo", *diakonia*, significa primordialmente "ministrar"; también significa preparar y presentar comida.[3] Por encima, el problema es obvio: Marta estaba intentando preparar y presentar una estupenda comida para Jesús y el grupo, y su hermana no estaba ayudando; pero parece haber un significado más profundo: claramente, María y Marta eran dos mujeres maravillosas que querían mucho a Jesús. Sin embargo, Marta se agotó, frustró y enojó, al intentar mostrar a Jesús que ella lo amaba; mientras que María estaba descansada, que estaba sentada con Jesús y lo escuchaba.

2. A través de los ojos de nuestra cultura orientada hacia las actividades, ¿quién parece estar en el lugar equivocado: María o Marta? ¿Por qué?

¿Tenía Marta justificación para su frustración? ¿Por qué?

3. ¿Cómo validó Jesús a María (v. 42)? ¿Qué cree usted que quiere decir Él?

4. ¿Con cuál de las hermanas se identifica usted más?

5. ¿Qué le ocurrió a Marta emocionalmente (v. 41)?

6. Lea de nuevo los versículos 41-42. ¿Qué le dijo Jesús a Marta que es lo que necesitamos hacer?

   Si sólo se necesita una cosa, ¿qué implica eso para nuestras ocupadas vidas?

   ¿Encuentra usted esperanza en las palabras de Jesús? ¿Por qué o por qué no?

El establecer prioridades correctas requiere que veamos nuestra vida a través de los ojos de Dios. Las cosas que tienen valor eterno merecen ser nuestras principales prioridades.

UNA ESPERANZA INQUEBRANTABLE

Si sólo una cosa es necesaria, entonces ¿cómo atendemos todas las exigencias que están ante nosotras cuando Dios nos llama a estar quietas? Como mujeres, nos encontramos a nosotras mismas atareadas para cumplir con todas las exigencias y expectativas personales y externas que hay sobre nosotras, pero ¿y si Dios tuviera que decirnos lo que le dijo a Marta?

7. Llene los espacios en blanco con su información personal.

_____, estás preocupada y turbada
con muchas cosas. Son distracciones. Estás demasiado preocupada y

demasiado ocupada con _____

_____

_____.

Eso ha causado que tu alma esté inquieta y turbada. Te pido una sola cosa: ponme a mí en primer lugar. Sencillamente quédate quieta y conoce que yo soy Dios.

¿El estar quieta nos justifica de ocuparnos de nuestras responsabilidades? ¿Significa que debiéramos pasar horas y horas en una colina, esperando que Dios revele su voluntad? ¡Claro que no! Nuestro corazón puede estar quieto incluso cuando trabajamos. Nuestro descanso llega cuando comprendemos lo que es verdaderamente valioso para Dios. Entonces, podemos utilizar nuestro tiempo y energía de acuerdo a lo que es importante, y no solamente urgente.

8. Al leer los siguientes pasajes, note lo que Dios valora en contraste con lo que el mundo valora.

1 Samuel 16:7

Lucas 16:13-15

1 Juan 2:15-17

9. ¿Qué nos enseña Mateo 6:19-21 sobre establecer prioridades?

10. Según Isaías 24:4 y 40:7-8, ¿hay algo en esta tierra que tenga un valor permanente? Explique su respuesta.

11. Según cada uno de los siguientes versículos, ¿qué permanece para siempre?

Salmo 100:5

Salmo 111:3

Isaías 40:8

Isaías 51:6

Juan 3:16

Hebreos 12:28

VIDA DIARIA

Vuelva a leer las palabras de Jonathan Edwards, un teólogo estadounidense, que están al comienzo de esta sesión. Edwards afirmaba que toda nuestra actividad se deriva de nuestros sentimientos. En otras palabras, las cosas que más valoramos son aquellas para las que trabajaremos o a las que serviremos. Él dio los siguientes ejemplos:

> Es el sentimiento llamado codicia lo que mueve a una persona a buscar los beneficios del mundo; es el sentimiento llamado ambición el que mueve a una persona a perseguir la gloria del mundo; es el sentimiento llamado lujuria el que mueve a una persona a buscar los deleites sensuales. Al igual que los actos mundanos son el muelle de los sentimientos mundanos, así los sentimientos religiosos son el muelle para los actos religiosos.[4]

12. Piense en su horario de las últimas 24 horas. ¿Cómo escogió utilizar su tiempo y energía? ¿Cuál de sus actividades tendrá un valor permanente?

¿Qué cosas le preocuparon, le distrajeron o mantuvieron demasiado ocupada?

¿Qué revelan sus respuestas sobre sus sentimientos y prioridades?

13. En una hoja de papel aparte, haga una lista de todas las responsabilidades y actividades que debe abordar en el curso de una semana. Incluya todo, desde pasar tiempo con Dios hasta sacar a pasear al perro o ir a comprar alimentos. Tómese el tiempo que necesite; incluso podría tener que trabajar por varios días. En oración, una vez que tenga la lista, léala y haga lo siguiente:

- Ponga un asterisco al lado de las cosas que deba hacer sin falta; por ejemplo, pasar tiempo con el Señor, su familia o amigas, comer, dormir.
- Ponga una marca al lado de las cosas que podría delegar a otros miembros de la familia o posiblemente a otra persona a la que pagase por hacerlas; por ejemplo, lavar el auto, sacar al perro, limpiar el polvo.
- Subraye las cosas que realmente no tiene que hacer o que podría eliminar; por ejemplo, estar en otro comité de la iglesia, ver demasiada televisión.
- Ponga una cruz al lado de las cosas que le regeneren; por ejemplo, un pasatiempo, un ejercicio, una comida con amigas o cónyuge. Si ese tipo de cosas no está en su lista, ¡deberían estar!

¿Qué puede hacer la próxima semana para cambiar la prioridad de al menos una responsabilidad? En oración, evalúe su lista cada semana, decida lo que no es necesario y elimine las cosas que le distraigan de lo que es lo mejor de Dios.

14. ¿Cómo podría ser distinta su vida si tuviera que practicar la promesa de Dios en Mateo 6:33?

Muchas de nosotras atendemos primero las más pequeñas urgencias de la vida, esperando luego tener más tiempo para emplearlo en lo que es importante. Sin embargo, las urgencias de la vida parecen no tener fin, y las cosas en las que realmente esperamos invertir están continuamente en espera. Pídale al Señor que le muestre cómo establecer prioridades de todo en su vida según el valor eterno que tengan. Escriba su oración en otra hoja de papel o en su diario.

Notas

1. Esta es una recopilación de varias historias. Cualquier parecido con una situación real es pura coincidencia.
2. *Merriam-Webster´s Collegiate Dictionary*, 11th ed., bajo "priority".
3. Ken Mamel, "KJV Strong´s Greek Lexicon", *Online Bible MacIntosh 2.5.1* (Oakhurst, NJ: 1994), griego 1248.
4. Jonathan Edwards, "Religious Affections", *Devotional Classics: Selected Reading for Individuals and Groups*, Richard J. Foster y James Bryan Smith, ed. (San Francisco: HarperSanFrancisco, 1993), p. 20.

Nuestro PROPÓSITO

CREADAS PARA LA PERFECCIÓN

Por tanto, sean perfectos, así como su Padre celestial es perfecto.
MATEO 5:48

*Existen varios problemas reales a la hora de proyectar la imagen perfecta.
En primer lugar, sencillamente no es cierto, pues no siempre estamos felices, optimistas
y al mando. En segundo lugar, proyectar la imagen sin fallos no nos deja alcanzar
a las personas que sienten que nosotros no las comprenderíamos. Y en tercer lugar,
aun si viviésemos una vida sin conflicto, sufrimiento o errores, tendríamos una
existencia hueca. El cristiano con profundidad es la persona que ha fallado
y ha aprendido a vivir con ello.*
BRENNAN MANNING, EL EVANGELIO DE LOS ANDRAJOSOS

MUJER EN LA VIDA COTIDIANA

Elisabeth era una mujer hermosa, tanto por dentro como por fuera. Tenía un corazón para Dios, demostraba bondad a los demás y se mostraba segura de sí misma. De hecho, Elisabeth era prácticamente una diosa para los demás. Después de haber tenido cuatro hijos, ella recuperó al instante la silueta que tenía antes de los embarazos. Su hogar estaba decorado y mantenido con precisión; rara vez se peleaba con su esposo, y sus hijos normalmente se comportaban bien. Elisabeth tenía un buen ojo para los detalles, y muchas personas la elogiaban por la belleza que le daba a cualquier cosa que hiciera y la bondad que compartía con todo aquel que conocía.

Elisabeth no se consideraba a sí misma tan perfecta, sino sencillamente alguien que se esforzaba mucho por vivir su vida del modo que debía. Justificaba su aspecto perfecto, pensando que algunas mujeres contaban con que ella fuese ejemplo de lo que ellas necesitaban. Otras la observaban y esperaban que cometiera un error para desacreditar su fe cristiana, y ella no quería darles esa munición contra la Iglesia.

Pero si Elisabeth fuese honesta consigo misma, vería el desespero con el que anhelaba la seguridad que le proporcionaba la aprobación que los demás le daban. Recientemente, la vida le había lanzado una bola difícil; estaba cansada y temblando por dentro. El matrimonio de sus padres pasaba por terribles problemas, y ella sentía que su fundamento se resquebrajaba. Sabía que todos necesitaban que ella fuera la inamovible y firme Elisabeth, y no había tiempo para quejarse o llorar. Ella debía permanecer firme porque, después de todo, otros contaban con ella.[1]

❧

¿Intenta usted ser la mujer perfecta? Quizá, como Elisabeth, ni siquiera reconoce los esfuerzos que realiza para perfeccionar su mundo. ¿Se permite a usted misma reconocer su dolor o se empuja a seguir continuando? ¿Intenta ser más en todo para los demás? Quizá usted no esté luchando por la perfección, pero, en cambio, lo hace por algo que usted hace: carrera, arte, aspecto, forma física, hijos, etc. Quizá sea usted una planificadora y trabaje muy duro para mantener todas las cosas en su sitio.

1. ¿Cómo definiría la perfección?

¿En qué áreas de su vida podría estar buscando la perfección?

Fuimos creadas para vivir en perfección. La intención era que viviéramos en armonía con nuestro medioambiente y en perfecta unión con Dios, y en ese diseño debíamos tener un gran propósito.

Armonía con nuestro medioambiente

Un perfeccionista es "alguien que tiene la tendencia a establecer normas extremadamente altas y estar insatisfecho con algo menos que eso".[2]

2. Lea Génesis 2:8-3:24. ¿En qué tipo de medioambiente fuimos creadas para vivir?

3. Según Romanos 1:20-25, ¿cuál ha sido el resultado de la Caída?

4. Según Romanos 8:19-25, ¿Cuál ha sido el resultado del pecado de la humanidad en el resto de la creación?

¿Encontrará un perfeccionista alguna vez satisfacción en este mundo? ¿Por qué o por qué no?

¿Cuándo verá este mundo la perfección?

A causa del pecado, perdimos la armonía con nuestro medioambiente y no la recobraremos hasta que Cristo regrese.

Perfecta unión con Dios

Cuando Adán y Eva pecaron, también nosotras fuimos separadas de Dios. Veamos lo que la Escritura tiene que decir sobre nuestra posición actual ante Dios.

5. ¿Qué dice Romanos 3:10-12, 23 sobre la posición de la humanidad ante Dios?

La relación de la humanidad con Dios era perfecta antes de que Adán y Eva pecaran, pero esa perfección se perdió cuando ellos escogieron desobedecer. "Perfecto" se define como "no falto de nada esencial", "estar sin defecto; sin fallo", "exacto; preciso" o "completo".[3]

6. Según Hebreos 5:7-10, ¿quién es perfecto?

¿En qué se convirtió Él por nosotras?

7. ¿Qué dice Hebreos 10:10, 14 de nuestro estatus ante Dios como resultado del sacrificio de Jesús en la cruz?

8. Según Efesios 2:8-9, ¿Cómo obtenemos este tipo de perfección?

9. ¿Qué nos dice Hebreos 7:19 y 10:22 que Dios hizo por nosotras por medio de Cristo?

10. ¿Qué nos dicen los siguientes versículos sobre la perfección?

2 Samuel 22:31-33

Filipenses 1:6

Hebreos 12:2

Jean-Pierre de Caussade explica:

> El orden de Dios, su deleite, su voluntad, sus actos y su gracia, todas esas cosas son una y la misma. El propósito en la tierra de este poder divino es la perfección. Se forma, crece y se logra en secreto en las almas sin su conocimiento.[4]

11. ¿Qué evidencia del poder perfeccionador de Dios ha visto usted en su propia vida?

¿Cómo se ha producido este proceso de perfección "en secreto" y "sin su conocimiento"?

UNA ESPERANZA INQUEBRANTABLE

¿Se siente alentada sabiendo que nadie ni nada en este mundo es perfecto? ¿Le hace sentir este conocimiento que puede usted relajarse y quitarse su máscara?

Ciertamente, es imposible estar en control todo el tiempo. Cuando buscamos hacer que nuestras relaciones, nuestro medioambiente o nosotras mismas seamos perfectas, siempre quedaremos decepcionadas. El mundo es un lugar imperfecto; ha caído de la norma perfecta de Dios. Si buscamos encontrar la perfección en él, estaremos insatisfechas al perseguir los escurridizos mitos de unos cuerpos, carreras u hogares perfectos.

Nuestra verdadera esperanza es que Dios proporciona un camino para que tengamos unión con Él. Si buscamos esa unión, poco a poco, seremos transformadas hasta la forma más cercana a la perfección que podamos lograr a este lado del cielo. Solamente en relación con Dios encontraremos satisfacción, realización y verdadero propósito.

12. Según Efesios 2:10 y Apocalipsis 4:11, ¿para qué cosas fuimos creadas?

13. Lea Romanos 12:6-21. ¿Qué buenas obras quiere Dios que hagamos (vv. 9-21)?

¿Qué nos da Él a cada una de nosotras para completar las buenas obras (vv. 6.8)?

14. ¿Qué dones cree usted que Dios le ha dado?

15. ¿Qué promesa se da en el Salmo 37:4?

¿Cuál es la condición?

16. ¿Qué deseos tiene usted en su corazón?

¿Qué significaría para usted practicar el Salmo 37:4?

Cuando escogemos aceptar a Jesucristo como nuestro Señor y Salvador comenzamos el viaje hacia la perfección, la cual no alcanzamos hasta llegar a nuestro destino final: el cielo. Dios ha prometido completar este proceso en nosotras (ver Filipenses 1:6). Sin embargo, tenemos nuestra parte a la hora de lograr esa meta final (ver Filipenses 3:12-14).

VIDA DIARIA

Con normalidad, queremos perfeccionar todo lo que nos rodea. Deseamos vestimenta nueva, cuerpos con mejor silueta, hogares por diseñadores, hijos con buen comportamiento, títulos universitarios, estatus, fama, dinero y la lista sigue. Ninguna de estas cosas resulta intrínsecamente incorrecta, pero cuando usamos nuestro tiempo, energía, corazón, mente y alma para perfeccionar esas cosas en nuestra vida, éstas se nos convierten en ídolos. En lugar de dejar que Dios nos cree completos y perfectos, tratamos de ser Dios para nosotras mismas. Entonces, resultamos ser impacientes, inconformes, y, a menudo, herimos a los demás y a sí mismas. Nos falta la paz porque estamos en guerra contra Dios. Nuestra carne lucha contra el mismo Espíritu de Dios que llevamos dentro.

> Los que viven conforme a la naturaleza pecaminosa fijan la mente en los deseos de tal naturaleza. En cambio, los que viven conforme al Espíritu fijan la mente en los deseos del Espíritu. La mentalidad pecaminosa es muerte, mientras que la mentalidad

que proviene del Espíritu es vida y paz. La mentalidad pecaminosa es enemiga de Dios, pues no se somete a la ley de Dios, ni es
capaz de hacerlo. Los que viven según la naturaleza pecaminosa
no pueden agradar a Dios (Romanos 8:5-8).

17. ¿Qué áreas de su vida son para usted más preocupantes: buscar la perfección o intentar estar en control?

¿Qué temor se halla tras cada impulso? (Por ejemplo, Elisabeth sentía que
tenía que ser una roca para otras personas, y por eso tenía temor de mostrar debilidad a la vista de la tragedia familiar.)

18. ¿De qué modo su deseo de perfección podría evitar que Dios verdaderamente perfeccionara áreas en su vida?

19. Piense acerca de su lugar, su posición y las presiones de su vida; después
revise sus respuestas a la pregunta 14. ¿Cómo podría querer Dios usar sus
dones para cumplir el propósito de Él en usted *allí donde usted está*?

20. ¿Qué sueños o deseos no cumplidos llenan su corazón? ¿Cree usted que Dios puede hacer que se cumplan, aun cuando ahora parezca improbable?

¿Confía usted en que Dios tiene en mente el mejor interés para usted aun si ese interés no incluye los sueños y deseos que usted visualiza?

16. ¿Cómo puede deleitarse a sí misma en Dios en el punto en que ahora está usted?

Notas
1. Esta es una recopilación de varias historias. Cualquier parecido con una situación real es pura coincidencia.
2. *The American Heritage Dictionary*, rev. ed., bajo "perfectionist".
3. Ibid., bajo "perfecto".
4. Jean-Pierre de Caussade, "The Sacrament of the Present Moment", *Devotional Classics: Selected Readings for Individuals and Groups*, ed. Richard J. Foster y James Bryan Smith (San Francisco: HarperSanFrancisco, 1993), p. 230.

Nuestro DELEITE

ENCONTRAR LO SAGRADO EN MEDIO DE LO MUNDANO

Pero Jesús llamó a los niños y dijo: "Dejen que los niños vengan a mí, y no se lo impidan, porque el reino de Dios es de quienes son como ellos. Les aseguro que el que no reciba el reino de Dios como un niño, de ninguna manera entrará en él."
Lucas 18:16-17

El evangelio de la gracia nos llama a cantar del misterio diario de la intimidad con Dios... a cantar de las raíces espirituales de las tan frecuentes experiencias de enamorarse, decir la verdad, educar a un niño, enseñar a una clase, perdonarse el uno al otro después de haberse herido, permanecer juntos durante las tormentas de la vida, de la sorpresa y la sexualidad, y de la brillantez de la existencia. De tales es el reino de los cielos, y de tales misterios se compone la religión genuina... La gracia abunda y camina alrededor de los extremos de nuestras experiencias cotidianas.
Brennan Manning, El evangelio de los andrajosos

MUJER EN LA VIDA COTIDIANA

A Jennifer siempre le habían dicho que ella era especial. Siendo una ávida lectora, recibió una gran influencia de sus heroínas: aquellas osadas mujeres que no tuvieron temor de seguir sus sueños hasta lugares lejanos. Jennifer era aventurera y ambiciosa, y su meta era ser diferente. Siempre estaba planeando su siguiente escapada. Cuando todas sus compañeras de escuela estaban llenando solicitudes para la universidad, Jennifer hacía planes para trasladarse a París y viajar por el mundo.

Cuando estaba en Francia, Jennifer decidió regresar a los Estados Unidos y completar sus estudios. Aunque el dinero le obligaba a conformarse con estar en un colegio universitario local, se buscó un singular empleo de fines de semana en un hermoso centro de retiros en la montaña. Cuando llegó la hora de escoger pareja, Jennifer no se casó con un estadounidense; siguió con su celo por lo que no era común, ¡se enamoró de un australiano!

Pasaron los años; los sueños se desvanecieron. Ahora, en una etapa totalmente diferente de la vida, Jennifer a menudo se preguntaba: *Con una vida tan marcada por lo excepcional, ¿cómo es que llegué a terminar en una casa en el área suburbana, con tres hijos y una furgoneta? ¿Cuándo un viaje a los almacenes Wal-Mart se convirtió en un escape? ¡Lo más destacado del año para mí fue encontrar el color adecuado de pintura para las paredes de la cocina! ¿Qué le sucedió a mi emocionante vida?*

Jennifer se sentía perdida. Quizá estaba enterrada en algún lugar debajo del interminable montón de ropa para lavar o en el fregadero lleno de platos. Se sentía desilusionada. ¿Qué les había ocurrido a los sueños que ella una vez cultivó? Ahora la muchacha que había escogido el sendero menos transitado se sentía atrapada en el mundo de lo común y corriente.[1]

᯼

Toda mujer anhela ser especial de algún modo, y tenemos la tendencia a mirar hacia el futuro para cumplir ese deseo. Quizá algunas de estas ideas le resulten familiares: *Cuando me vaya de la casa de mis padres... Cuando me gradúe... Cuando me case... Cuando tenga un hijo... Cuando mis hijos estén en la escuela... Cuando mis hijos sean adultos y se casen... Cuando logre mi objetivo profesional...* capta la idea. Sin embargo, cuando llegamos a cada nueva etapa, nos sentimos decepcionadas a menudo, al descubrir que no es todo lo que esperábamos. De hecho, muchas de nosotras hemos estado tan ocupadas, persiguiendo el prometido oro al final del arco iris que no hemos visto los brillantes colores que nos rodean.

El oro es una ilusión que nos tienta con falsas esperanzas de satisfacción y significado. El arco iris, sin embargo, es real, y está lleno de brillantes colores para que disfrutemos de ellos. No permanece para siempre; los arcos iris son fugaces y deben disfrutarse cuando aparecen.

1. Aunque los detalles de su historia podrían ser muy diferentes, ¿cómo se identifica con la experiencia de Jennifer?

2. ¿Qué cofres de oro han estado persiguiendo en su propia vida?

¿Qué arco iris podría haberse perdido mientras tanto?

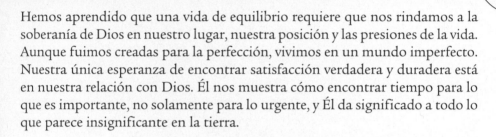

SABIDURÍA ETERNA

Hemos aprendido que una vida de equilibrio requiere que nos rindamos a la soberanía de Dios en nuestro lugar, nuestra posición y las presiones de la vida. Aunque fuimos creadas para la perfección, vivimos en un mundo imperfecto. Nuestra única esperanza de encontrar satisfacción verdadera y duradera está en nuestra relación con Dios. Él nos muestra cómo encontrar tiempo para lo que es importante, no solamente para lo urgente, y Él da significado a todo lo que parece insignificante en la tierra.

3. Según el rey Salomón en el libro de Eclesiastés, ¿cuál es el valor de perseguir cada una de las siguientes cosas?

Trabajo (1:3; 2:17-18)

Sabiduría (1:17-18)

Placeres terrenales (2:1-11)

Fama y poder (4:13-16)

Riquezas (5:10)

Comportamiento justo (8:14)

4. ¿Cuáles de esas cosas se encuentra usted persiguiendo?

5. ¿Qué conclusiones saca el maestro sabio en cada uno de los siguientes pasajes de Eclesiastés?

5:18-20

8:15

12:13-14

6. ¿Cómo sería diferente la vida si tuviera que tomar este consejo de corazón?

UNA ESPERANZA INQUEBRANTABLE

¿Encuentra usted esperanza en el hecho de que el significado y el disfrute son parte del viaje y no sólo el premio que está en la línea de meta? El único destino final en la tierra es la muerte. Mientras tanto, podemos perseguir una vida sin significado o vivir una vida centrada en Dios. Si perseguimos las cosas que este mundo considera importantes, estaremos cansadas, seremos cínicas y desequilibradas. Si ponemos a Dios en el centro de la vida, aceptando sus caminos, su verdad y su belleza, llegaremos a ser estables, agradecidas y a estar satisfechas.

7. En Mateo 18:3, ¿a quién dijo Jesús que debemos ser semejantes?

Cuando caminemos con Dios, seremos capaces de volver a apreciar las pequeñas cosas de la vida. De forma muy similar a los niños, seremos capaces de ver lo sagrado en lo mundano; encontraremos lo extraordinario en lo ordinario. Dios tiene un modo de entrar en nuestra vida cotidiana si le invitamos a hacerlo.

> Ser un niño es creer implícitamente en el bien y el mal, en héroes y villanos, en lo invisible, en milagros y misterio, en princesas y dragones, en el verdadero amor y en los finales felices. Ser un niño es ser arrebatado en la pura historia, aceptar los eventos de la vida de uno sin crítica porque uno confía en el Autor.[2]

8. En términos prácticos, ¿cómo sería su vida si tuviera que hacerse una niña como Jesús enseña en Mateo 18:3?

9. ¿Qué característica de los niños se da en Mateo 18:4?

¿Cómo podría usted ser ejemplo de esta característica?

> Los adultos anhelan distinguirse a sí mismos, mientras que los niños están contentos simplemente de ser ellos mismos. Los niños pueden fantasear con ser bailarinas o bomberos, pero el asunto no supone una angustia existencial para ellos. ¿Por qué deberían preocuparse por lo que van a ser, cuando ya lo son? La existencia normal le parece muy especial a un niño, lo bastante satisfactoria.[3]

10. ¿De qué maneras anhela usted distinguirse?

11. ¿Qué significaría para usted encontrar, como un niño, satisfacción en su existencia normal?

VIDA DIARIA ─────────────────

Cuando Jesús nos exhortó a "recibir el reino de Dios como un niño" (Lucas 18:17), Él no pensaba simplemente en cualquier niño; pensaba en un niño en particular: el que vive dentro de usted... Crecer normalmente significa cubrir nuestro espíritu cada vez más con carne. Dios quiere que nos convirtamos en la persona que verdaderamente somos en nuestro interior, la persona que nacimos para ser. Ser como niños implica despegar las máscaras para regresar al verdadero rostro, de mejillas sonrosadas y ojos brillantes que hay debajo.[4]

12. Tome algún tiempo para recordar y apreciar quién era usted de niña. ¡Diviértase al responder a las siguientes preguntas!

¿Cuál era su comida favorita?

¿Cuál era su cuarto favorito en su casa? Si se cambiaban de casa con frecuencia, ¿cuál era su casa favorita? ¿Por qué?

¿Dónde se escondía cuando necesitaba estar sola?

¿Qué consideraba como un tesoro?

¿Quién o qué le daba consuelo?

¿Cuál era su juego o pasatiempo favorito?

¿Quién o qué le causaba respeto y admiración?

¿Puede recordar un momento en que no podía parar de reír? ¿Qué lo provocó?

¿Qué le hacía estar triste? ¿Y enojada? ¿Y asustada?

¿Qué otros recuerdos especiales de la niñez se le ocurren?

13. ¿Qué aprendió o recordó sobre usted misma y sobre Dios al realizar esta actividad?

14. Determine ver a Dios en las pequeñas cosas durante las próximas 24 horas. En su diario o en el espacio que se proporciona, anote los arcos iris que Él le proporcione para llenar su día de color.

Halle una forma creativa de expresar su gozo y gratitud por la belleza y maravilla que Dios le ha mostrado. Escriba un poema; pinte un cuadro; cante (o escriba) una canción; baile de la alegría. Haga cualquier cosa que sepa para expresar lo que Dios le haya mostrado. Comparta con otras personas lo que haya descubierto.

Notas
1. Esta es una recopilación de varias historias. Cualquier parecido con una situación real es pura coincidencia.
2. Mike Mason, *The Mystery of Children* (Colorado Springs, CO: WaterBrook Press, 2001), p. 109.
3. Ibid., p. 139.
4. Ibid., pp. 176-177.

UNA VIDA
equilibrada

Pautas generales

1. Su función como facilitadora es lograr que las mujeres hablen y dialoguen sobre áreas en su vida que resulten ser obstáculos en su crecimiento espiritual y su identidad personal.

2. Esté atenta al tiempo. Hay cuatro secciones en cada estudio. No pase demasiado tiempo en una sección a menos que sea obvio que Dios está obrando en la vida de las personas en un momento en particular.

3. Haga hincapié en que la reunión del grupo es un tiempo de animarse y compartir mutuamente. Realce la importancia de la confidencialidad: lo que se comparte quedará dentro del grupo.

4. El tiempo de compañerismo es muy importante a la hora de construir relaciones en un grupo. Brinde refrescos y aperitivos ligeros bien antes o después de cada sesión, pues eso fomentará un tiempo informal de compañerismo.

5. Anime a las mujeres a que escriban un diario, pues eso las ayuda a aplicar lo que aprenden y las mantiene enfocadas durante su tiempo de devoción personal.

6. La mayoría de las mujeres llevan una vida muy ocupada; respete a los miembros del grupo, al comenzar y terminar las reuniones con puntualidad.

7. Siempre comience y termine las reuniones con oración. Si su grupo es pequeño, haga que todo el grupo ore a la misma vez. Si es mayor de 10 miembros, forme grupos de 2 a 4 mujeres para compartir y orar las unas por las otras.

    Una sugerencia es asignar compañeras de oración cada semana. Anime a cada miembro del grupo a completar una hoja de peticiones de oración conforme vayan llegando. Los miembros pueden seleccionar una petición de oración antes de irse de la reunión y orar por esa persona durante la semana. O dos mujeres pueden intercambiar peticiones de oración y después orar la una por la otra al final de la reunión y durante la semana. Anímelas a llamar a su compañera de oración al menos una vez durante la semana.

8. Otra actividad muy valiosa es animar a las mujeres a que memoricen el versículo clave cada semana.

9. Prepárese. Ore por sus preparativos y por los miembros del grupo durante la semana. No permita que una sola persona domine el diálogo. Pida a Dios que le ayude a hacer hablar a las que están calladas sin ponerlas en evidencia.

10. Solicite la ayuda de otros miembros del grupo para proporcionar refrescos, para saludar a las mujeres, para dirigir un grupo de discusión, para llamar a las no asistentes para animarlas, etc. Cualquier cosa que pueda hacer para involucrar a las mujeres ayudará a que vuelvan cada semana.

11. Pase tiempo cada reunión adorando a Dios. Eso puede hacerse o bien al comienzo o al final de la reunión.

Cómo utilizar el material

Sugerencias para el estudio en grupo

Hay muchas maneras en que puede utilizarse este estudio en una situación de grupo. La forma más común es el formato de estudio bíblico en grupos pequeños. Sin embargo, también puede utilizarse en una clase de escuela dominical para mujeres. Sea cual sea la forma en que escoja utilizarlo, estas son algunas pautas generales a seguir para el estudio en grupo:

- Mantener el grupo pequeño, con 8 hasta 12 participantes, probablemente sea el máximo para un ministerio eficaz, edificar las relaciones y el mantener el diálogo. Si tiene usted un grupo más grande, forme grupos pequeños para el tiempo de diálogo, seleccionando una facilitadora para cada grupo.
- Pídales a las mujeres que se comprometan a asistir con regularidad durante las ocho semanas del estudio. La asistencia regular es una clave para edificar relaciones y confianza en un grupo.
- Cualquier cosa que se discuta en las reuniones del grupo debe mantenerse en la más estricta confidencialidad solamente entre los miembros del grupo.

Sugerencias para relaciones de consejería

Este estudio también se presta al uso en relaciones en las cuales una mujer es consejera de otra mujer. La Escritura amonesta a las mujeres en particular a enseñar a otras mujeres (ver Tito 2:3-5).

- Una relación de consejería podría organizarse mediante un sistema establecido por una iglesia o ministerio de mujeres.
- Una manera menos formal de comenzar una relación de consejería es que una mujer más joven o una nueva creyente tome la iniciativa y se acerque a una mujer mayor o más madura espiritualmente que sea ejemplo de la vida de semejanza a Cristo y le pida que se reúna con ella regularmente. O al contrario, podría ser una mujer más madura quien se acerque a otra mujer más joven o una nueva creyente para comenzar una relación de consejería.
- Cuando a alguien se le pide que sea consejera, esta podría echarse atrás, pensando que nunca podría hacerlo porque su propio caminar con el Señor es menos que perfecto. Pero al igual que se nos manda discipular a los nuevos creyentes, debemos aprender a discipular a otros para fortalecer su caminar. El Señor ha prometido "estar con nosotros siempre" (Mateo 28:20).
- Cuando acuerde ser consejera de otra mujer, prepárese para aprender tanto o más que la mujer de la que será consejera. Ambas serán bendecidas por la relación de consejería edificada en la relación que ustedes tienen en el Señor.

Se proporcionan ayudas adicionales para las relaciones de consejería o para dirigir grupos pequeños en la *Guía para el ministerio de mujeres de Enfoque a la Familia.*

SESIÓN UNO
TIEMPO PARA MEDITAR: ─────────
Definición de equilibrio

Antes de la reunión

Los siguientes preparativos deberían realizarse antes de cada reunión:

1. Reunir materiales para realizar etiquetas de identificación (si las mujeres no se conocen ya o si usted no conoce los nombres de todas). También tenga bolígrafos o lápices extras y Biblias para prestar a cualquiera que pueda necesitarlos.
2. Hacer fotocopias de la hoja de peticiones de oración (disponible en la *Guía para el ministerio de mujeres de Enfoque a la Familia*) o proporcionar tarjetas para anotar las peticiones.
3. Leer sus propias respuestas, y marcar las preguntas que usted quiera en especial que el grupo discuta.

Como preparativos concretos para *esta* reunión:

4. Reunir periódicos y revistas, tijeras, papel y pegamento o cinta adhesiva transparente para la actividad para romper el hielo.

Actividades para romper el hielo

1. Conforme cada mujer llegue, asegúrese de que tome una etiqueta de identificación y recoja una hoja de petición de oración.
2. **Opción 1**: Realizar un collage utilizando anuncios de revistas y periódicos que estén dirigidos a mujeres. Cuelgue el collage en un lugar destacado. Invite al grupo a comentar los mensajes que están dirigidos a ellas. Discutan cómo esos mensajes afectan al modo en que las mujeres se perciben a sí mismas y sus vidas.
3. **Opción 2**: Grabe varios anuncios de televisión en una cinta antes de la reunión para que el grupo pueda verlos en la reunión. Después de ver el vídeo, discutan los consejos que los anuncios ofrecen para vivir una vida más saludable y satisfactoria. Discutan la validez de los consejos.
4. **Opción 3**: Proporcione varias revistas. Conforme lleguen las mujeres, que cada una busque unos cuantos anuncios y luego comparta los mensajes que ella reciba de los anuncios y cómo le hacen sentirse.

Discusión

1. *Mujer en la vida cotidiana* – Haga que las mujeres digan la primera palabra que les venga a la mente cuando oigan la palabra "equilibrada". Discutan las similitudes y diferencias de sus respuestas. Si el tiempo lo permite, discutan sus respuestas a la pregunta 1.

2. *Sabiduría eterna* – Invite varias voluntarias para compartir sus respuestas a las preguntas 2 y 3. Lea Santiago 4:6-10 en voz alta y discutan sus respuestas a la pregunta 5.

3. *Una esperanza inquebrantable* – Haga que una voluntaria lea Mateo 11:29 en voz alta. Discutan las preguntas 7 y 8.

4. *Vida diaria* – Discutan la pregunta 10.

5. *Terminar en oración* – Como grupo, reciten "la oración de serenidad"; luego termine en oración. **Opcional**: Invite a quienes pudieran necesitar oración o consejería a quedarse después de la reunión.

    Según las mujeres salgan, haga que cada mujer intercambie una hoja de peticiones de oración con otra mujer y anímelas a que oren la una por la otra durante la semana.

6. *Fomentar la memorización de la Escritura* – Anime a las mujeres a memorizar el versículo clave cada semana o elija un versículo de la lección que fuese especialmente útil para ellas. Provea oportunidad en cada reunión para que las mujeres reciten el versículo memorizado. La *Guía para el ministerio de mujeres de Enfoque a la Familia* contiene información adicional sobre fomentar la memorización de la Escritura.

Después de la reunión

1. *Evaluar* – Pase tiempo evaluando la eficacia de la reunión (consulte la *Guía para el ministerio de mujeres de Enfoque a la Familia,* capítulo 9).

2. *Fomentar* – Durante la semana, intente ponerse en contacto con cada mujer (mediante llamadas de teléfono, notas de ánimo, mensajes instantáneos o por correo electrónico) para invitarlas al estudio. Póngase a disposición de ellas para contestar cualquier pregunta o preocupación que las mujeres puedan tener y llegue a conocerlas en general. Si tiene un grupo grande, obtenga la ayuda de otras mujeres en el grupo para ponerse en contacto con las demás.

3. *Equipar* – Complete el estudio bíblico.

4. *Orar* – Prepárese en oración para la siguiente reunión, orando por cada mujer y por su propia preparación.

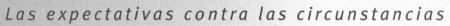

SESIÓN DOS
NUESTRA SITUACIÓN:
Las expectativas contra las circunstancias

Antes de la reunión

1. Realice los preparativos usuales como se enumeran en las páginas 68.
2. Haga los preparativos necesarios para la actividad para romper el hielo que usted escoja.

Actividades para romper el hielo

1. Conforme llegue cada mujer, asegúrese de que se ponga una etiqueta de identificación y recoja una hoja o tarjeta de peticiones de oración. Anime a las mujeres a que escriban sus nombres en su hoja o tarjeta al menos, tengan o no peticiones de oración.
2. Haga que cada mujer escriba un sueño o una meta (que a ella no le importe compartir) en una tarjeta. Por ejemplo, ella podría esperar casarse, tener un hijo, escribir un libro, graduarse en la universidad o comenzar su propio negocio.
3. **Opción 1**: Reúna las tarjetas y léalas en voz alta una por una. Haga que el grupo adivine de quién es el sueño que se ha leído.
4. **Opción 2**: Haga que cada mujer lea su sueño o meta. Pregunte: **¿Parece posible o imposible lograr esa meta en este momento y en sus circunstancias actuales? ¿Cómo le hace sentir eso?**
5. Invite a una o dos voluntarias a recitar de memoria el versículo de la sesión 1.

Discusión

1. *Mujer en la vida cotidiana* – Discutan la pregunta 1. Prepárese para compartir sus propias respuestas en caso de que ninguna otra quisiera.
2. *Sabiduría eterna* – Discutan las preguntas 2 a la 6. Pregunte: **¿Ha pasado alguna de ustedes por una experiencia de desierto y puede testificar de la verdad que se encuentra en Isaías 51:3?** Invite a una o dos voluntarias a compartir; luego pregunte si hay alguna que esté pasando una experiencia de desierto en la actualidad y que le gustaría que el grupo orase por ella.

3. *Una esperanza inquebrantable* – Discutan la pregunta 7. Pregunte: **¿Por qué podríamos estar plantadas —no atrapadas— en nuestras actuales circunstancias?** Invite a una voluntaria a compartir esta verdad por su propia experiencia.
4. *Vida diaria* – Haga que las mujeres se pongan en parejas y compartan sus respuestas con su compañera.
5. *Terminar en oración* – Lean juntas Lamentaciones 3:26. Desafíe a las mujeres a memorizar Lamentaciones 3:25-26. Podría prometer un pequeño premio —una vela, un separador para libros, un dulce, etc.— para cada mujer que memorice el versículo. Invite a cada pareja a intercambiar hojas de peticiones de oración y pasar tiempo orando la una por la otra antes de irse. Dé instrucciones a las compañeras de oración para que se pongan en contacto al menos una vez durante la próxima semana para darse ánimo y apoyo.

    Opcional: Invite a quienes puedan necesitar oración o consejería a quedarse.

Después de la reunión

1. **Evaluar.**
2. **Fomentar** – Intente ponerse en contacto con cada mujer durante la semana. Si el grupo es grande, obtenga la ayuda de algunas de las mujeres en el grupo para ponerse en contacto con un grupo más pequeño de mujeres.
3. **Equipar.**
4. **Orar.**

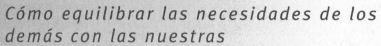

SESIÓN TRES
NUESTRA POSICIÓN:
Cómo equilibrar las necesidades de los demás con las nuestras

Antes de la reunión

1. Realice los preparativos usuales como se enumeran en las páginas 68.
2. Haga los preparativos necesarios para la actividad para romper el hielo.

Actividades para romper el hielo

1. Conforme llegue cada mujer, asegúrese de que se ponga una etiqueta de identificación y recoja una hoja o tarjeta de peticiones de oración. Anime a las mujeres a que escriban al menos sus nombres en su hoja o tarjeta, tengan o no peticiones de oración.
2. Cuando lleguen las mujeres, haga que llenen una tarjeta y enumeren todos los trabajos que realizan para otros durante el día, y los papeles que desempeñan cada día. Por ejemplo, si una mujer es madre, haga que enumere los trabajos que realiza durante el día (cocinera, ama de casa, niñera, maestra, decoradora de interiores, etc.). Haga que cada mujer comparta las tres funciones que más tiempo le consumen, a quiénes sirve en esas funciones y las expectativas de quién satisfacen al desempeñar esos roles.
3. Invite a una o dos voluntarias a recitar de memoria el versículo de la sesión 2.

Discusión

1. *Mujer en la vida cotidiana* – Invite a voluntarias para compartir sus respuestas a la pregunta 1.
2. *Sabiduría eterna* – Discutan las preguntas 2 y 3. Lea 1 Corintios 13:4-7 en voz alta. Discutan sus respuestas a las preguntas 4 a la 8, pero no obligue a las que estén reticentes a compartir. Comparta sus propias luchas al aprender a amarse a sí misma. Continúen discutiendo las preguntas 9 a la 11 y luego pregunte: **¿Cuáles de las características del amor en 1 Corintios 13:4-7 les parecen más difícil de demostrarse a sí mismas? ¿Y a los demás? ¿Y a Dios?**

3. *Una esperanza inquebrantable* – Discutan brevemente las preguntas 12 a la 15. Recuerde: no permita que una sola mujer domine toda la conversación. Haga intervenir a otras, sin obligar a nadie a responder a algo que no les resulte cómodo.
4. *Vida diaria* – Dé tiempo para la reflexión personal y la adoración. Ponga un CD de música de adoración con letras para reflexionar y haga que las mujeres repasen sus respuestas en esta sección o pasen tiempo en oración silenciosamente.
5. *Terminar en oración* – Invite a cada mujer a pedir al grupo que ore por su necesidad de amar y ser amada. Luego forme un círculo, agárrense de las manos y pida a cada mujer que ore en silencio para que la mujer que está a su derecha experimente el amor de Dios. Después de un minuto, dígales a las mujeres que oren en silencio para que la mujer que está a su izquierda pueda amarse y aceptarse a sí misma tal como Dios la creó. Después de un minuto, dígales que oren en silencio por sí mismas para que puedan extender el amor que sienten a alguien durante la próxima semana. Invítelas a intercambiar hojas de peticiones de oración antes de irse, y anime a las compañeras de oración a orar durante toda la semana por la actitud de su compañera sobre su posición en la vida. Recuérdeles que orar por otra persona también les ayudará a mantener sus propias actitudes en el lugar correcto.

Después de la reunión

1. **Evaluar.**
2. **Fomentar.**
3. **Equipar.**
4. **Orar.**

SESIÓN CUATRO
NUESTRAS RESPONSABILIDADES: ——
Cómo manejar las presiones de la vida

Antes de la reunión

1. Realice los preparativos usuales como se enumeran en las páginas 68.
2. Haga los preparativos necesarios para la actividad para romper el hielo.
3. Reúna cartulinas o una pizarra y rotuladores para la actividad "sabiduría eterna".

Actividades para romper el hielo

1. Conforme llegue cada mujer, asegúrese de que se ponga una etiqueta de identificación y recoja una hoja o tarjeta de peticiones de oración. Anime a las mujeres a que escriban al menos sus nombres en su hoja o tarjeta, tengan o no peticiones de oración.
2. Necesitará dos voluntarias y dos rollos de papel higiénico para este juego. Cuando usted diga "ya", cada voluntaria intentará envolver todo su cuerpo con el papel higiénico antes de que lo haga la otra voluntaria. A medida que luchan por realizar la tarea, escoja a otras dos mujeres para ayudar a las voluntarias a terminar la carrera. Podría tener un pequeño premio para la pareja ganadora. Después del juego, dialoguen sobre sus implicaciones. Podría decir algo como esto: Algunas veces, las presiones de la vida son como intentar envolverse con papel higiénico: ridículo, si no imposible. Al igual que las compañeras hicieron posible terminar la carrera, así Dios toma nuestros mejores esfuerzos y completa el proceso por nosotras.
3. Invite a una voluntaria a recitar de memoria el versículo de la sesión 3.

Discusión

1. *Mujer en la vida cotidiana* – Invite a voluntarias para compartir sus respuestas a la pregunta 1. O entregue a cada mujer un pedazo de papel y pídale que enumere todo lo que haya hecho en las últimas 24 horas. Dé a las mujeres un minuto para escribir y luego invite a un par de voluntarias a leer sus listas.

2. *Sabiduría eterna* – Si tiene un grupo bastante grande (más de ocho miembros), forme grupos de cuatro o cinco mujeres y haga que esos grupos dialoguen brevemente entre ellas sobre los siguientes temas que usted ya haya escrito en una pizarra:

    · ¿Qué le pertenece a Dios que le permite proveer para nosotras? (Ver preguntas 2 y 3).
    · ¿Cuáles son nuestras responsabilidades? (Ver preguntas 4 y 5).
    · ¿Cómo le gustaría a Dios que fueran nuestras actitudes hacia el trabajo y la vida? (Ver preguntas 6 y 7).
    · ¿Cómo podemos diezmar nuestro tiempo? (Ver pregunta 9).

3. *Una esperanza inquebrantable* – Reúna de nuevo a los grupos en uno sólo y discutan lo que hayan aprendido de la viuda de Sarepta.

4. *Vida diaria* – Pregunte: **¿Creen que Dios puede seguir obrando en la actualidad como lo hizo en la vida de la viuda de Sarepta?** Invite a voluntarias para compartir los puntos de vista que hayan obtenido de las preguntas 13 y 15.

5. *Terminar en oración* – Dé tiempo para que las mujeres compartan peticiones de oración relativas a las presiones que encaran en la vida. Oren juntas por esas necesidades concretas o en los grupos más pequeños que se formaron anteriormente. Invite a las mujeres a intercambiar hojas de peticiones de oración antes de irse, y anime a las compañeras de oración a orar durante toda la semana por las peticiones de su compañera.

Después de la reunión

1. **Evaluar.**
2. **Fomentar.**
3. **Equipar.**
4. **Orar.**

NUESTRAS PRIORIDADES:

Cómo separar lo importante de lo urgente

Antes de la reunión

1. Realice los preparativos usuales como se enumeran en las páginas 68.
2. Haga los preparativos necesarios para la actividad para romper el hielo que usted escoja.

Actividades para romper el hielo

1. Conforme llegue cada mujer, salúdela y asegúrese de que se ponga una etiqueta deidentificación y recoja una hoja o tarjeta de peticiones de oración. Anime a las mujeres a que escriban al menos sus nombres en su hoja o tarjeta, tengan o no peticiones de oración.

2. **Opción 1**: Guarde toda la basura que recibe por correo durante una semana y póngalo en una cesta decorativa. Una vez que el grupo esté sentado, examinen el correo uno a uno. Dialoguen sobre los mensajes que cada remitente intenta comunicar. Después de haberlo revisado, diga: **Los mensajes "basura" que llena nuestro buzón pueden parecer muy urgentes**. Luego pregunte: **¿Qué otras cosas pueden no sólo exigir nuestro tiempo y dinero, sino también invadir nuestra alma?**

3. **Opción 2**: Reúna dos jarras grandes, varias piedras grandes, varias piedras pequeñas, arena y agua. Querrá practicar esta actividad antes de la reunión. Derrame suficiente agua en una de las jarras para llenarla por la mitad. Compare el agua con las cosasurgentes de nuestra vida: derramar el jugo durante el desayuno, hablar por teléfono, etc. Luego añada la mitad de la arena y compárelo a las cosas diarias que no son necesarias: navegar en el Internet, hablar por teléfono, etc. Después añada la mitad de las piedras pequeñas y compárelas a las cosas que son necesarias: cocinar la comida, limpiar la casa, lavar la ropa, etc. En este punto, no debiera haber mucho espacio para las piedras, pero a la vez que intenta encajarlas, compare las piedras a las cosas importantes que deberíamos hacer: pasar tiempo con el Señor, con nuestras familias y amigas, hacer ejercicio, ir a trabajar, etc. Dialoguen sobre lo que le ocurrió a la jarra. Ahora, tome la otra jarra y añada primero las piedras que queden y luego las pequeñas, la

arena y finalmente el agua. Dialoguen sobre cómo necesitamos poner primero las cosas importantes y luego encajar las demás cosas en torno a las importantes.

4. Invite a una voluntaria a recitar de memoria el versículo de la sesión 4.

Discusión

1. *Mujer en la vida cotidiana* – Invite a voluntarias para compartir sus respuestas a la pregunta 1.
2. *Sabiduría eterna* – Haga que una voluntaria lea la historia de Marta y María en Lucas 10:38-42 en voz alta; luego discutan las preguntas 2 a 6.
3. *Una esperanza inquebrantable* – Hablen sobre: **¿Qué valora Dios? ¿En qué es diferente a lo que nosotras valoramos?** (Ver pregunta 8). Discutan las preguntas 9 y 11.
4. *Vida diaria* – Invite a voluntarias a compartir lo que hayan aprendido sobre sus prioridades después de realizar la actividad en la pregunta 13. Discutan la pregunta 14.
5. *Terminar en oración* – Forme grupos de dos o tres mujeres e invite a los grupos a orar los unos por los otros. Invite a las mujeres a intercambiar hojas de peticiones de oración antes de irse, y anime a las compañeras de oración a orar durante la semana por las peticiones de su compañera.

    Opcional: Invite a quienes puedan necesitar oración o consejería a quedarse después de la reunión.

Después de la reunión

1. **Evaluar.**
2. **Fomentar.**
3. **Equipar.**
4. **Orar.**

NUESTRO PROPÓSITO:
Creadas para la perfección

Antes de la reunión

1. Realice los preparativos usuales como se enumeran en las páginas 68.
2. Haga los preparativos necesarios para la actividad para romper el hielo.

Actividades para romper el hielo

1. Conforme llegue cada mujer, salúdela y asegúrese de que se ponga una etiqueta de identificación y recoja una hoja o tarjeta de peticiones de oración. Anime a las mujeres a que escriban al menos sus nombres en su hoja o tarjeta, tengan o no peticiones de oración.

2. Necesitará un hermoso cuadro o dibujo (si no tiene uno en hogar, tómelo prestado), tres hojas grandes de papel, pinturas de cera, marcadores y pinturas. Pida tres voluntarias para participar en esta ilustración. Muestre el cuadro para que todas puedan verlo; luego pida a las tres voluntarias que copien el cuadro con los recursos que se les han proporcionado. Entregue pinturas de cera a una de las mujeres, marcadores a la segunda y pinturas a la tercera. Dé tres minutos de tiempo para que las mujeres intenten copiar la pintura; anime al resto de las mujeres a charlar mientras esperan. Cuando pasen los tres minutos, evalúen los trabajos. Dialoguen: **¿Son algunos de estos trabajos idénticos al original? ¿Es difícil comparar los tres ya que todos ellos no son cuadros?** Explique: **Aunque cada uno de estos trabajos pueden estar cerca de la idea del artista, ninguno de ellos es una réplica del original. De hecho, ninguna de estas mujeres tenía siquiera los recursos para lograr tal perfección. ¿Acaso no vivimos nuestra vida de este modo? Intentamos obtener nuestra idea de perfección, pero nuestros intentos son inútiles porque ni siquiera tenemos las herramientas adecuadas para recrear tal cosa. Tampoco podemos comparar nuestros dibujos a los de otras personas porque se nos han entregado diferentes recursos con los cuales trabajar. Dios nos da a cada una de nosotras ciertos dones que deberíamos disfrutar y utilizar para edificar aquello que Él ha querido que edifiquemos.**

3. Invite a una voluntaria a recitar de memoria el versículo de la sesión cinco.

Nota: Esta actividad para romper el hielo puede recrearse de muchas maneras. ¡Utilice su imaginación! Por ejemplo, en lugar de un cuadro, use una escultura como modelo. En lugar de pinturas de cera, marcadores y pinturas, use plasticina, un pedazo de corcho para flores y un cuchillo de plástico y arcilla para moldear. Podría hacer actividades similares utilizando bloques para construir, decoración para pasteles, etc.

Discusión

1. *Mujer en la vida cotidiana* – Invite a voluntarias para compartir sus respuestas a la primera parte de la pregunta 1.
2. *Sabiduría eterna* – Discuta las preguntas 3 y 4 con todo el grupo. Pregunte: **¿Cuál es el resultado de intentar lograr la perfección en nuestro ambiente?** Discutan brevemente las preguntas 5 a la 11; puede escoger resumir brevemente las preguntas 4 a la 9 para poder pasar más tiempo en la pregunta 11.
3. *Una esperanza inquebrantable* – Discutan: **¿Cómo podemos encontrar propósito, perfección, realización y satisfacción verdaderos en este mundo?** Discutan las preguntas 12 y 13. Invite a cada mujer a compartir sus repuestas a la pregunta 14. Anime a las mujeres a compartir los dones que ven las unas en las otras.
4. *Vida diaria* – Invite voluntarias para compartir los puntos de vista personales que obtuvieron en las preguntas 17 y 18. Haga que las mujeres se emparejen para orar las unas por las otras.
5. *Terminar en oración* – Dirija a todo el grupo en oración, pidiendo a Dios que recuerde a cada mujer su propósito definitivo para ella. Invite a las mujeres a intercambiar hojas de peticiones de oración antes de irse, y anime a las compañeras de oración a orar durante la semana por las peticiones de su compañera.

    Opcional: Invite a quienes puedan necesitar oración o consejería a quedarse después de la reunión.

Después de la reunión

1. **Evaluar.**
2. **Fomentar.**
3. **Equipar.**
4. **Orar.**

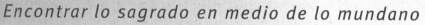

SESIÓN SIETE
NUESTRO DELEITE:
Encontrar lo sagrado en medio de lo mundano

Antes de la reunión

1. Realice los preparativos usuales como se enumeran en las páginas 68.
2. Haga los preparativos necesarios para la actividad para romper el hielo.
3. Haga fotocopias de la hoja de repaso de estudio (ver la *Guía para el ministerio de mujeres de Enfoque a la Familia*, capítulo 9).

Actividades para romper el hielo

1. Conforme llegue cada mujer, salúdela y asegúrese de que se ponga una etiqueta de identificación y recoja una hoja o tarjeta de peticiones de oración. Anime a las mujeres a que escriban al menos sus nombres en su hoja o tarjeta, tengan o no peticiones de oración.
2. Organice de antemano que cada mujer traiga una fotografía de ella misma de niña a la reunión. La fotografía puede mostrar algo divertido que la mujer haya hecho o algo típico de su personalidad o puede mostrarla a ella participando en una de sus respuestas a la pregunta 12 (ej.: comiendo su comida favorita, jugando a su juego favorito, etc.). Recoja las fotografías conforme lleguen las mujeres. A la vez que las mujeres estén tomando los refrigerios, muestre todas las fotografías en una pizarra con un número al lado de cada una. Tenga cuidado de no dañar de ninguna manera las fotografías. Cuando todas hayan llegado, entregue a cada mujer una hoja de papel y una pluma, y déles unos minutos para escribir a quién piensan que corresponde cada fotografía. Podría entregarle un pequeño premio a la mujer que obtenga el mayor número de respuestas correctas.
3. Invite a una voluntaria a recitar de memoria el versículo de la sesión seis.

Discusión

1. *Mujer en la vida cotidiana* – Dialoguen como grupo sobre la pregunta 1.
2. *Sabiduría eterna* – Discutan la pregunta 3. Invite a voluntarias para compartir sus respuestas a la pregunta 4; luego discutan las preguntas 5 y 6.

3. *Una esperanza inquebrantable* – Discutan: **¿Qué creen que Jesús quiso decir cuando dijo que debemos ser como niños? ¿Cuáles son algunas características simpáticas y entrañables sobre el modo en que los niños ven la vida? Ya que no podemos decir simplemente: "ahora voy a ser humilde", ¿cómo podemos adquirir la verdadera humildad?**

4. *Vida diaria* – Invite a cada mujer a compartir sus respuestas a las preguntas 12 y 13. Esta es una manera divertida de conocer un poco más las unas de las otras. Luego invite a las mujeres a compartir cuán creativamente expresaron su gozo y gratitud.

5. *Terminar en oración* – Enfoque este tiempo de oración en la gratitud a Dios por todo lo que Él les ha enseñado a cada una de ustedes durante este estudio. Alábenlo por todo lo que Él continuará haciendo en sus vidas. Anime a las mujeres a orar en voz alta y pídales que digan brevemente sus motivos de gratitud.

   Invite a las mujeres a intercambiar hojas de peticiones de oración antes de irse, y anime a las compañeras de oración a orar durante la semana por las peticiones de su compañera.

Después de la reunión

1. **Evaluar** – Distribuya las hojas de repaso del estudio para que las mujeres las lleven consigo a sus casas. Comparta sobre la importancia de recibir sus impresiones y pídales que tomen tiempo durante la semana para escribir su repaso de las reuniones del grupo y luego devolverle a usted las hojas.

2. **Fomentar** – Póngase en contacto con cada mujer durante la semana para invitarla al siguiente estudio bíblico de la Serie para mujeres de Enfoque a la Familia.

ENFOQUE A LA FAMILIA

¡Bienvenida a la familia!

Al participar en la *Serie para mujeres de Enfoque a la Familia*, es nuestra esperanzadora oración que Dios profundice su comprensión del plan que Él tiene para usted y que Él fortalezca las relaciones de las mujeres en su congregación y su comunidad.

Esta serie es solamente uno de los muchos recursos útiles, penetrantes y alentadores producidos por Enfoque a la Familia. De hecho, de eso se trata Enfoque a la Familia: de proporcionar a las personas inspiración, información y consejo bíblicamente basado en todas las etapas de la vida.

Comenzó en el año 1977 con la visión de un hombre: el Dr. James Dobson, psicólogo licenciado y autor de 18 libros de éxito de ventas sobre el matrimonio, la paternidad y la familia. Alarmado por las presiones sociales, políticas y económicas que amenazaban la existencia de la familia estadounidense, el Dr. Dobson fundó Enfoque a la Familia con sólo un empleado y un programa de radio semanal que se emitía solamente en 36 estaciones.

Como organización internacional en la actualidad, el ministerio está dedicado a preservar los valores judeocristianos y fortalecer y alentar a las familias mediante el mensaje, que cambia vidas, de Jesucristo. Los ministerios Enfoque alcanzan a familias en todo el mundo a través de 10 emisiones de radio independientes, dos programas de televisión de reportajes sobre noticias, 13 publicaciones, 18 páginas web, y una sólida serie de libros y películas ganadoras de premios y vídeos para personas de todas las edades e intereses.

¡Nos encantaría tener noticias suyas!

Para recibir más información sobre el ministerio, o si podemos ser de ayuda para su familia, simplemente escriba a Enfoque a la Familia, Colorado Springs, CO 80995 o llame al 1-800-A-FAMILY (1-800-232-6459). Los amigos en Canadá pueden escribir a Enfoque a la Familia, P.O. Box 9800, Stn. Terminal, Vancouver. B.C. V6B-4G3 o llamar al 1-800-661-9800. Visite nuestra página web — www.family.org— para aprender más acerca de Enfoque a la Familia o para ver si hay una oficina asociada en su país.

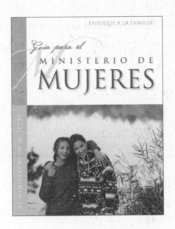